GESTALT-TERAPIA E ANÁLISE EXISTECIAL

TEMAS CLÍNICOS

GESTALT-TERAPIA E ANÁLISE EXISTECIAL

TEMAS CLÍNICOS

Claudia Lins Cardoso (Org.)
José Paulo Giovanetti (Org.)
Paulo Eduardo R. A. Evangelista (Org.)

Artesã

Gestalt-Terapia e Análise Existencial - Temas Clínicos

DIRETOR
Alcebino Santana

DIREÇÃO DE ARTE
Tiago Rabello

CAPA
Artesã Editora

PROJETO GRÁFICO E DIAGRAMAÇÃO
Marcos Digues

REVISÃO
Luiz Henrique Soares

Catalogação na publicação
Elaborada por Bibliotecária Janaina Ramos – CRB-8/9166

C268g
Cardoso, Claudia Lins

Gestalt-terapia e análise existencial: temas clínicos / Claudia Lins Cardoso, José Paulo Giovanetti, Paulo Eduardo R. A. Evangelista. – Belo Horizonte: Artesã, 2025.

(Fenomenologia e psicologia clínica)

240 p.; 14 X 21 cm

ISBN 978-8-57074-162-2

1. Gestalt-terapia. 2. Fenomenologia. 3. Psicologia clínica. 4. Psicoterapia existencial e humanista. I. Cardoso, Claudia Lins. II. Giovanetti, José Paulo. III. Evangelista, Paulo Eduardo R. A. IV. Título.

CDD 616.89143

Índice para catálogo sistemático
1. Gestalt-terapia

IMPRESSO NO BRASIL
Printed in Brazil

(31) 2511-2040 (31) 99403-2227
www.artesaeditora.com.br
Rua Rio Pomba 455, Carlos Prates - Cep: 30720-290 | Belo Horizonte - MG
/artesaeditora

Apresentação

É com imensa alegria que apresentamos esta coletânea de textos componentes do sexto volume da coleção *Fenomenologia e Psicologia Clínica*. Esta teve o seu primeiro volume lançado em 2018, e se constitui em publicações no formato de livro das apresentações orais dos professores do Curso de Especialização em Psicologia Clínica: Análise Existencial e Gestalt-terapia (CEPC), do Departamento de Psicologia da Faculdade de Filosofia e Ciências Humanas (FAFICH) da Universidade Federal de Minas Gerais (UFMG), e de seus convidados nos congressos promovidos anualmente pela coordenação do referido curso de pós-graduação (*lato sensu*).

O presente volume é composto por textos cuja origem foi o III Congresso Mineiro de Gestalt-terapia, promovido pelo Departamento de Psicologia em 2024, em Belo Horizonte/MG. O evento foi uma rica oportunidade de compartilhamento de reflexões sobre a teoria e a prática clínica, à luz tanto da abordagem gestáltica quanto de outras abordagens de cunho fenomenológico-existencial, em torno da temática "Gestalt-terapia e Análise Existencial – Temas Clínicos".

Os textos que compõem este volume foram escritos por professores do CEPC e por seus convidados, cujas trajetórias acadêmicas e clínicas conferem profundidade, compromisso ético e rigor à abordagem dos diferentes temas. Nesse sentido, cada capítulo constitui uma ampliação e um aprofundamento das conferências e palestras realizadas no referido congresso, preservando, contudo, o tom vivo, reflexivo e implicado, característico dos eventos gestálticos. Trata-se de um livro que convida o leitor a um percurso múltiplo e pulsante pelas diferentes facetas da clínica fenomenológica-existencial contemporânea.

O primeiro capítulo, "Psicologia Clínica e Análise Existencial", de autoria do Prof. Dr. José Paulo Giovanetti, aborda inicialmente o objeto, as principais teorias e os campos da prática da clínica psicológica. Após esta importante introdução, o autor discorre acerca da Análise Existencial, segundo a perspectiva de Medard Boss e Ludwig Binswanger, incluindo a compreensão psicopatológica do ser humano.

No segundo capítulo, "Carta a um(a) Gestalt-terapeuta iniciante: proseando sobre o diagnóstico à luz da Gestalt-terapia", a Profa. Dra. Claudia Lins Cardoso aborda o psicodiagnóstico em uma perspectiva gestáltica de campo em um formato de carta ao leitor. Em uma linguagem informal, mas fundamentada teoricamente, a autora apresenta conceitos e propõe reflexões em relação à postura e à prática clínica do iniciante na clínica gestáltica, ressaltando a importância de o Gestalt-terapeuta manter-se fiel à fenomenologia e à singularidade do encontro.

Os capítulos seguintes são: "Transtorno de adaptação e ajustamentos criativos", da Profa. Saleth Salles Horta, "Três concepções de Autismo na Abordagem Gestáltica", do Prof. Dr. Renato Tocantins Sampaio, "A delicadeza da Clínica do Trauma em Gestalt-Terapia", da Profa. Ms. Maria Alice Queiroz de Brito (Lika Queiroz) e "Acolhendo o sofrimento: a clínica gestáltica no acompanhamento do luto", da Profa. Dra. Celana Cardoso Andrade. Esses capítulos discorrem sobre experiências que, embora diversas em sua natureza e expressão, compartilham a condição de desorganizar modos habituais de ser, de desafiar os vínculos interpessoais e de demandar do Gestalt-terapeuta uma escuta radicalmente implicada. Em cada um de seus textos, as autoras e o autor não apenas discutem aspectos teóricos e clínicos, mas também evocam a sensibilidade necessária ao Gestalt-terapeuta para acolher a pessoa do seu cliente em sua dor, em seu ritmo e em sua forma de estar-no-mundo. A clínica proposta nestes capítulos é aquela do encontro e da escuta encarnada, a qual reconhece que o sofrimento não deve ser "tratado e curado", mas atravessado com a presença de alguém que busca oferecer suporte e ajudar o cliente a reconhecer os sentidos e as potências presentes nessa travessia, a partir de uma abordagem fenomenológico-existencial.

A seguir, encontramos dois capítulos que abordam a clínica gestáltica voltada para contextos historicamente atravessados por desigualdades: "Artesanias de uma clínica gestáltica em movimento: a experiência de um fazer sensível às vulnerabilidades sociais", da Profa.

Dra. Laura Cristina de Toledo Quadros, e "Questões étnicas nas relações familiares", da Profa. Dra. Teresinha Mello da Silveira. Ao abordarem essas temáticas à luz da Gestalt-terapia, as autoras nos convidam a deslocar o olhar da clínica tradicional, centrada apenas na dimensão intrapsíquica, para uma compreensão mais ampla e situada da experiência humana: uma clínica que reconhece que o sofrimento psíquico é, muitas vezes, atravessado por processos históricos, políticos e culturais que moldam subjetividades e determinam oportunidades de vida. Nesses capítulos, a Gestalt-terapia é convocada a se implicar politicamente, reconhecendo a dimensão social da existência e os efeitos subjetivos da exclusão, do racismo e de todas as formas de opressão. A clínica deixa de ser um espaço neutro ou isolado para se tornar um território de diálogo, de transformação e de cuidado ampliado – em que o reconhecimento da diferença não é apenas acolhido, mas valorizado como potência de encontro e de mudança.

Os capítulos finais, "Relação dialógica", da Profa. Ms. Lilian Meyer Frazão e "Inquietações e reflexões sobre atendimento psicológico *on-line*", do Prof. Dr. Paulo Eduardo Rodrigues Alves Evangelista, funcionam como um fecho potente. Eles não apenas sintetizam princípios fundamentais da Gestalt-terapia e da clínica fenomenológica-existencial, como também apontam para os caminhos que a clínica contemporânea vem trilhando diante das transformações culturais, tecnológicas e relacionais de nosso tempo, promotoras de inúmeros desafios e de diversas possibilidades aos psicoterapeutas da atualidade. Assim, o encerramento desta coletânea reafirma a vitalidade e a adaptabilidade da Gestalt-terapia e da clínica fenomenológica-existencial como abordagens que se renovam sem perder suas raízes. Entre o clássico e o contemporâneo, entre o corpo-a-corpo e o contato digital, permanece o mesmo compromisso: sustentar espaços de escuta, presença e transformação, em que o humano possa continuar se reinventando na relação com o outro.

Por fim, gostaríamos de reafirmar nossa satisfação com mais essa publicação, fruto de nossa parceria não apenas à frente da coordenação do Curso de Especialização em Psicologia Clínica: Análise Existencial e Gestalt-terapia da UFMG, dentre outros projetos, mas também com a generosa contribuição de cada um dos colegas que se dispuseram a contribuir com esta publicação, bem como com a Editora Artesã, nossa parceira há vários anos.

Assim, esperamos que esta leitura possa oferecer a você, leitor(a), muitas reflexões, provocações (im)pertinentes e ainda mais aprimoramento teórico nesse nosso ofício tão especial que é ser psicólogo clínico.

Boa leitura!

Belo Horizonte, setembro de 2025

Claudia Lins Cardoso
José Paulo Giovanetti
Paulo Eduardo Rodrigues Alves Evangelista

Sumário

1

Psicologia Clínica e Análise Existencial[1]

José Paulo Giovanetti

Tradicionalmente, se pensa a Psicologia Clínica como uma atividade do psicólogo que se restringe exclusivamente ao trabalho de consultório privado. As áreas de atuação de um psicólogo clínico são muito variadas: em escolas, hospitais, empresas e comunidades. Imagina-se que cada uma dessas áreas seja própria de uma formação específica e que o psicólogo cuja atividade seja definida como clínica seja só aquele que atua em um consultório, isto é, entre quatro paredes, ajudando o ser humano a se encontrar. Essa é uma visão muito estreita de Psicologia Clínica, pois qualquer atividade do psicólogo que entra em contato com o sofrimento humano – seja em escolas, hospitais, empresas ou comunidades – é uma atividade clínica.

---

1 Texto apresentado no III Simpósio Internacional Edith Stein realizado em Belo Horizonte entre os dias 25 e 28 de agosto de 2015 e publicado no livro GIOVANETTI, José P. *Psicoterapia antropológica*: as contribuições de Binswanger e Gendlin. SPES Editora: Belo Horizonte, 2018. Texto gentilmente cedido pelo autor para publicação neste volume da coleção *Psicologia Clínica e Fenomenologia*.

É necessário ampliarmos o conceito de "clínica" e não o restringir somente à atividade de terapia, ou ao grupo de encontro. Qualquer encontro de um psicólogo com uma pessoa que expressa sofrimento, ajudando-a a trabalhar e a elaborar esse sofrimento, pode ser denominado um trabalho clínico.

No Brasil, um psicólogo clínico não recebe uma formação específica, como em alguns outros países. Nos Estados Unidos, por exemplo, o psicólogo, depois de diplomado, tem uma formação específica que, às vezes, se estende por mais quatro anos e abrange uma competência teórica com destaque para a avaliação e a compreensão do comportamento e das perturbações psíquicas. Nesse âmbito, também se faz necessário ressaltar a preparação experiencial do profissional, cuja prática supervisionada tem uma importância maior. A originalidade do psicólogo clínico é que, além de um embasamento teórico que lhe permita uma melhor compreensão das perturbações psíquicas, tenha uma preparação "técnica" de manejo da relação terapêutica.

Acerca desse tema, vamos esquematizar o nosso trabalho em duas partes. Num primeiro momento, procuraremos alargar o conceito de "Psicologia Clínica", destacando a sua especificidade e a dos diversos campos de atividade de um psicólogo clínico. Num segundo momento, buscaremos explicitar o modelo teórico denominado "Análise Existencial" como um instrumento de trabalho do psicólogo clínico, ressaltando o alcance teórico dessa abordagem da perturbação psíquica e fazendo algumas observações sobre o manejo terapêutico.

Psicologia Clínica

A Psicologia Clínica nasceu quando? Essa interrogação nos ajuda a entender o objeto desta área. Os cursos de Psicologia, principalmente no Brasil, não dedicam um espaço para essa questão, isto é, não estruturam uma disciplina para tratar da origem, do objeto e dos campos da Psicologia Clínica. Deveríamos ter uma visão mais abrangente dessa atividade do psicólogo, pois em quase todos os campos de ação psicológica o aspecto clínico está presente.

De modo geral, podemos dizer que a Psicologia Clínica tem suas raízes na tradição da Psiquiatria, tendo o psiquiatra francês Philippe Pinel (1745-1826) desempenhado um papel decisivo. Em seus trabalhos com o tratamento do comportamento anormal, Pinel obteve, em 1793, a permissão para retirar as correntes de seus doentes mentais e tratá-los como pessoas normais, ou seja, como seres humanos que tinham perdido a razão em decorrência de algum problema grave, fosse ele pessoal ou social (Huber, s.d.). Segundo Huber, devemos destacar no trabalho de Pinel dois aspectos relacionados à origem da Psicologia Clínica. Em primeiro lugar, Pinel humaniza a vida dos doentes mentais no momento que retira as correntes dos mesmos e constrói um novo tipo de tratamento mais humano, por meio do qual o paciente não é compreendido como um animal e nem excluído do convívio de sociedade. A segunda contribuição de Pinel é o desenvolvimento de "um conhecimento íntimo da personalidade do paciente" (Huber, s.d., p. 11), ficando atento às histórias pessoais e percebendo que a doença mental tem uma compreensão diferente de uma visão biologista. É necessário buscar uma compreensão mais singular de cada perturbação psíquica.

Evidentemente, que essa "revolução copernicana" [de Pinel] teve muitos desdobramentos, como os trabalhos de outros tantos pesquisadores para que hoje tivéssemos uma visão mais humana da doença mental. Entretanto, queremos destacar a grande contribuição da fenomenologia na sedimentação da psicopatologia e da afirmação da Psicologia Clínica.

Lembramos que todo esse movimento da fenomenologia tem como fonte de inspiração a figura de Wilhelm Dilthey (1833-1911) que, na segunda metade do século 19, propôs um modelo diferenciado para a compreensão da vida psíquica. Segundo o pensador alemão, o modelo das Ciências Naturais não servia para captar os fenômenos da vida psíquica. A psicologia de Wundt, baseada nas Ciências Exatas, era insuficiente para captar a originalidade desses fenômenos e, assim, era necessário buscar um método que considerasse a originalidade de seu objeto, que não buscasse explicá-lo na perspectiva das ciências da natureza, mas que buscasse compreendê-lo na perspectiva das ciências do espírito (Huber, s.d.).

Assim, podemos compreender o esforço do pensador alemão Edmund Husserl (1859-1938) em criar e desenvolver um método que pudesse captar os fenômenos psíquicos em sua especificidade. Era esse o ponto de partida e a maior contribuição do movimento da fenomenologia.

Não podemos também esquecer a grande contribuição de Sigmund Freud (1856-1939), que, como psiquiatra, procurou compreender as perturbações psíquicas a partir do desenvolvimento pessoal e dos percalços em sua história de vida. Freud elaborou uma das primeiras teorias sobre as perturbações psíquicas, que ainda hoje é referência para o trabalho clínico.

Objeto da Psicologia Clínica

Todo profissional que trabalha como psicólogo clínico teve uma ideia difusa acerca do objeto de sua prática, isto é, com o que se trabalha. Alguns acreditam que o ser humano, como portador de um problema, é o objeto de sua atenção profissional; outros pensam que é necessário um diagnóstico para compreender as perturbações das experiências vividas; outros ainda acentuam o aspecto singular da história de uma pessoa. Podemos dizer que o objeto da Psicologia Clínica é o sofrimento humano e o seu adoecimento diante dos percalços da existência.

Do ponto de vista existencial, o ser humano está sempre respondendo a questões próprias da vida humana, como o problema do sentido, a questão da solidão, as estruturações das relações afetivas etc. Os desafios e os posicionamentos diante dessas questões nos fazem sofrer e nos adoecem. Nesse contexto, a Psicologia Clínica é a atividade do psicólogo que acompanha o ser humano nessa caminhada existencial. Assim, todos aqueles indivíduos que sofrem perturbações psíquicas ou psicossomáticas são o objeto do psicólogo clínico. Estar atento ao homem que sofre, e não à doença como uma entidade, é a preocupação dos que trabalham clinicamente.

Na trajetória da vida, o ser humano se posiciona de maneira singular, isto é, expressa nos posicionamentos a sua característica mais profunda, mais própria, mais adequada com o seu íntimo, com o seu Ser. Entretanto, essa singularidade não é desvinculada do contexto social onde o homem desvela sua existência. Essa trajetória também revela as influências do seu tempo. Isso quer dizer que o modo de ser de uma época, o seu *Zeitgeist*, relaciona-se às vivências pessoais. A sociedade contemporânea, por exemplo, caracteriza-se fundamentalmente por ser uma sociedade de consumo que determina muitas influências no comportamento dos indivíduos. Essa influência acontece porque o homem é um ser histórico, e o seu comportamento revela características do seu tempo. Por isso, podemos dizer que algumas formas de adoecimentos são próprias de contextos específicos. Daí o vazio existencial e a depressão aparecerem na atualidade como manifestações mais significativas no caminhar da existência.

Dessa maneira, o psicólogo clínico tem que procurar entender o contexto social de sua época, pois todo sofrimento humano revela as duas dimensões: a singular e o reflexo dos problemas atuais. Ser psicólogo clínico é estar engajado na investigação do singular e do histórico.

Para desempenhar com eficácia essa tarefa, a Psicologia Clínica desenvolve teorias, métodos e técnicas de trabalho. São os seus conceitos teóricos que nos possibilitam uma compreensão do homem que sofre.

Cada teoria psicológica, sustentáculo da clínica, possui uma concepção de doença e das perturbações psíquicas.

Do ponto de vista existencial, dizemos que não é o critério anatofisiológico que nos ajuda a compreender o sofrimento. Como já mencionado, necessitamos de uma visão mais ampla da existência para podermos compreender com alguma profundidade e especificidade o fenômeno do sofrimento e do adoecimento do ser humano. Resumindo, no âmbito da perspectiva existencial, não percebemos a doença, mas o homem doente.

A teoria da Psicologia Clínica

Podemos dizer que a identidade do psicólogo clínico se faz muito a partir da teoria que sustenta a sua prática. Podemos ir mais longe, dizendo que a concepção de homem que regerá a escolha da abordagem terapêutica se faz a partir da própria visão de homem e de si mesmo. Seja explícita ou, na maioria das vezes, implícita, a escolha da orientação profissional como psicólogo clínico se fundamenta na ideia de homem que se tem de si mesmo. Assim sendo, a teoria que embasa a prática apresenta uma concepção de psiquismo e uma compreensão da etiologia das perturbações psíquicas.

Atualmente, circulam na prática clínica quatro grandes modelos: a psicanálise, a psicologia cognitivo-comportamental, o modelo humanista-fenomenológico-existencial e a abordagem sistêmica. Não caberia aqui, neste pequeno texto, a explicitação das características de cada modelo. Entretanto, por ser o modelo humanista-fenomenológico-existencial a teoria que sustenta a nossa prática clínica em particular, optaremos por abordá-la, lembrando sempre que cada modelo teórico capta um aspecto do ser humano. Daí, a necessidade de, qualquer que seja a orientação teórica, termos uma abertura para o que cada teoria revela sobre o homem que sofre e adoece.

A orientação humanista surgiu no contexto cultural americano, na segunda metade do século 20, e expressava sua insatisfação com os modelos psicanalista e o behaviorista. Os grandes representantes desse movimento foram A. Maslow, Ch. Bühler e C. Rogers, que, em 1962, fundaram a Association of Humanistic Psychology (AHP). Como orientação dessa abordagem, propuseram as seguintes teses (Huber, 1993):

a) O destaque para a experiência vivida. Nessa perspectiva, o que terá importância para a Psicologia Clínica não é nem a objetivação nem a construção de teorias, mas o destaque é para a experiência vivida. Dessa forma, a Psicologia Clínica terá como tarefa criar metodologias para captar a experiência vivida.
b) O posicionamento de que a abordagem do ser humano não seja reducionista, isto é, que a compreensão do homem como um ser vivo não se reduza à compreensão das suas pulsões e das reações diante dos condicionamentos, mas que considere "a criatividade, a busca de valores e a realização de si" (Huber, 1993, p. 71).
c) A prioridade na compreensão do sentido: toda a organização da Psicologia Clínica nessa

perspectiva é de que o objeto e o método sejam estruturados em função da captação do sentido, e não o critério de objetividade.

d) A dignidade: o fim da psicologia humanista é o estudo das forças positivas do homem que possibilitam uma compreensão deste como artífice de sua existência.

Embora essa perspectiva tenha surgido nos Estados Unidos, teve alguns adeptos na Europa, sendo que a América Latina acolheu essa nova abordagem com mais entusiasmo. Talvez a aceitação na Europa não tenha sido muito ampla, em razão de as fontes da fenomenologia e do existencialismo estarem mais presentes na renovação da Psicologia Clínica.

Como dissemos anteriormente, a fenomenologia criou um método capaz de captar o sentido da experiência, suplantando a perspectiva objetivista de entender o sofrimento e o adoecimento humanos. A máxima presente nesta perspectiva é de que o homem cria incessantemente significados. A vida é construída a partir dos significados que atribuímos aos acontecimentos. Daí decorre que o método fenomenológico seja o mais adequado para essa tarefa da Psicologia Clínica.

Uma segunda observação é que a grande descoberta de Husserl, com base nas lições de Brentano sobre a intencionalidade, é de que todos os seres humanos são movidos intencionalmente. A relação estruturante entre o homem e os acontecimentos é sempre intencional, com ênfase para captar o fenômeno, isto é, dando ênfase ao que surge dessa inter-relação.

A fenomenologia é revolucionária para a Psicologia Clínica porque abre um caminho novo e mais adequado para captar o objeto original da vida psíquica humana.

Se, por um lado, a fenomenologia veio nos revelar essa dinâmica da vida, o existencialismo, utilizando a fenomenologia como método, nos ajuda a termos uma melhor compreensão do homem como produtor de sentido, ou melhor, em que situação ele produz o sentido.

A primeira afirmação categórica do existencialismo é que o homem é um ser de sentido, daí a impossibilidade de a psicologia ser uma ciência da objetivação como são as Ciências Naturais. Esta veia aberta por Dilthey e sedimentada por Husserl é a pedra angular de todo um trabalho clínico fundamentado no existencialismo.

O segundo ponto da contribuição de uma abordagem existencial na psicologia é a afirmação de que o homem é sempre influenciado pelos sentidos que o mundo oferece, isto é, para compreendê-lo em sua originalidade, temos que entender o mundo gerador de significados, pois o homem é um ser-no-mundo. O homem não pode ser compreendido separado do mundo. O mundo faz parte do seu ser.

Esses três movimentos – humanista, fenomenológico e o existencialista – abriram uma nova perspectiva para o trabalho do psicólogo clínico, destacaram a importância de se captar o sentido daquilo que se vive e de não reduzir a compreensão dos dinamismos psíquicos a conceitos objetivantes.

A prática da Psicologia Clínica

Como dissemos anteriormente, é importante não reduzirmos a intervenção clínica somente à psicoterapia, mas considerarmos outros modos de ação do psicólogo clínico. Destacaremos, pois, esses outros campos de atuação do psicólogo e explicitaremos o campo da psicoterapia.

Huber (1993), falando sobre o que seja a Psicologia Clínica, evidenciou quatro grandes campos de atuação do psicólogo clínico: a neuropsicologia, a psicologia da saúde, a psicologia comunitária e as intervenções mais específicas. Segundo ele, essas áreas de atuação são as mais importantes e as que merecem destaque.

Em primeiro lugar, temos a neuropsicologia clínica. Com o avanço das ciências neurológicas desde o início do século XIX, surge, no seio da neuropsicologia humana, uma corrente nova: a neuropsicologia cognitiva (Huber, 1993), abrindo um vasto campo para o psicólogo clínico, em que as localizações de lesões cerebrais podem ser diagnosticadas e suas perturbações psicológicas específicas podem ser tratadas.

O segundo campo que merece uma atenção especial é a psicologia da saúde, pois a saúde é vista somente na perspectiva corporal, relegando à psicologia o trabalho exclusivo com as questões do espírito. Entretanto, hoje a medicina reconhece que a saúde física está inexoravelmente ligada aos processos psicológicos e sociais. Já se admite também que a vivência religiosa tem influência na saúde física. Alguns médicos têm percebido como a vivência da fé de alguns pacientes influenciam a recuperação mais rápida de determinada doença física. Não se pode falar de saúde sem levar em conta os elementos biológicos, psicológicos, espirituais e sociais. Para combater a doença, tem-se a necessidade de tratamento interdisciplinar, e é, nesse ponto, que entra o trabalho do psicólogo clínico.

O terceiro campo apontado por Huber é o da psicologia comunitária:

> A psicologia comunitária se desenvolveu a partir de uma insatisfação profunda face a uma psicologia clínica que não tinha em conta os contextos sociais e que se orientava exclusivamente em direção ao indivíduo (Huber, 1993, p. 275).

Na compreensão da doença de uma pessoa, o modelo biomedical não considera os aspectos sociais.

Diante dessa nova perspectiva, o psicólogo é chamado a trabalhar com grupos de pessoas com um determinado sintoma (por exemplo: pressão alta, diabetes), o qual é compreendido a partir de alguns fatores sociais. Também, aqui, pode-se trabalhar no sentido de prevenção das doenças. O campo de ação para intervenções psicológicas nas comunidades se amplia de forma considerável.

Como quarto e último campo de intervenção clínica aparecem as intervenções mais específicas do psicólogo clínico. Dentre os vários tipos de intervenções, podemos destacar o aconselhamento psicológico, a intervenção de crise e a psicoterapia como as mais próprias e específicas do trabalho clínico.

Cada uma dessas intervenções tem sua especificidade, que depende do foco do trabalho. Quando o cliente vai ao consultório buscando uma ajuda para enfrentar o seu sofrimento, nem sempre a psicoterapia é a intervenção mais indicada. É necessário percebermos a demanda da pessoa e aí oferecermos a intervenção clínica mais adequada. O primeiro tipo de intervenção é o aconselhamento psicológico que se faz dentro de uma atmosfera de acolhimento que tem o seu foco nas forças psicossociais do cliente e não tanto nas forças internas do eu. Aqui, busca-se explicitar, por meio do diálogo, quais elementos a pessoa possui para enfrentar a crise que a abala. Com a ajuda do profissional, desvendam-se as forças que a pessoa tem para equacionar o problema. A conversa não é consiste somente na troca de informações, mas comporta um aspecto afetivo e motivacional. O que se busca a partir desse trabalho é que a pessoa possa tomar uma decisão mais clara e de acordo com suas motivações mais profundas, sendo essa decisão o reflexo do seu ser mais autêntico. Assim, a intervenção torna-se mais pontual, isto é, centrada em um determinado problema. O aconselhamento psicológico difere do acompanhamento psicológico, por ser este ainda mais pontual. Como exemplo, podemos citar a intervenção clínica com pessoas que vão passar por alguma cirurgia de risco e que o medo ou a ansiedade vem atrapalhando encarar o fato com mais serenidade. Esse acompanhamento é quase como um suporte humano para viver o desafio que se apresenta.

O segundo tipo de intervenção que merece destaque aqui é a intervenção na crise. Antes, porém, é necessário distinguir a intervenção de urgência em psiquiatria da intervenção psicológica mais pontual. Diferentemente do aconselhamento psicológico, o que distingue a intervenção é o seu caráter de intensidade, de urgência e complexidade do problema (Huber, 1993). Assim, o foco da intervenção é essencialmente o problema atual e não a compreensão da história do paciente que desencadeou o problema. A atividade do terapeuta é o de procurar reparar o problema e ajudar o paciente a enfrentá-lo com mais serenidade.

A psicoterapia, que é a principal intervenção clínica do psicólogo, também possui um foco específico; isto é, seu objeto é mais amplo, pois o trabalho é mais longo e aprofundado. Desse modo, o foco é uma interrogação mais sistemática sobre o eu e uma colocação em xeque desse eu (Huber, 1993). Esse trabalho psicológico se estrutura a partir de uma relação afetiva. Aqui, a reorganização da existência da pessoa é o objetivo maior. Essa reorganização só será possível se atingirmos a organização do modo de ser da pessoa.

Atualmente, na Inglaterra, há um grande desenvolvimento da psicoterapia existencial. Podemos destacar os nomes de Nick Cooper, Ernesto Spinelli e Emmy Van Deurzen. Esta última é uma psicoterapeuta existencial que tem publicado vários livros, cuja leitura se torna obrigatória para aqueles que querem buscar uma base existencial para o seu trabalho clínico.

No seu livro *Existential Counselling and Psychotherapy in Practice*, ela nos apresenta uma bela definição do que seja a psicoterapia existencial:

> Se centra na exploração da forma particular de ver a vida, o mundo e a si mesmo da pessoa. A meta é ajudá-lo a estabelecer o importante para ela e assim poder-se sentir mais sintonizado consigo mesmo e inclusive mais real e viva[2] (Ortiz, 2011, p. 13).

Emmy Van Deurzen entende que a psicoterapia não deve ter grandes ambições de transformação da pessoa, mas, pelo contrário, metas ou objetivos mais modestos. Nesse sentido, a terapia deve proporcionar uma sensação de viver a vida e não de ser vivido por ela; experimentar o espectro complexo de possibilidades de ser, em vez de fixar-se em determinados padrões de comportamentos; dar-se conta de que somos capazes de enfrentarmos o mais duro da vida, o que provoca um reconhecimento de nossa força interior (Ortiz, 2011). Tudo isso se faz por meio de um diálogo terapêutico que se fundamenta em uma sólida relação afetiva terapêutica construída por meio de uma escuta privilegiada.

Análise Existencial como uma intervenção clínica

Hoje, tem se firmado no mundo da psicologia a análise existencial como uma forma de tratamento clínico. Em São Paulo, existe o Instituto de Daseinsanalyse, ligado ao pensamento de Medard Boss, que, embora com posição

2 Essa definição de Emmy Van Deurzen foi retomada por Yaqui Andrés Martínez no capítulo "A escola inglesa de Psicoterapia existencial", no livro ORTIZ, Efren (org.). *Las psicoterapias existenciales*. México-Bogotá: Manual Moderno, 2011, p. 13.

divergente de Ludwig Binswanger, apresenta estudos e orientações práticas para o desenvolvimento da Análise Existencial.

Ludwig Binswanger e Medard Boss são considerados os pais da Análise Existencial. Os dois tiveram um contato direto com Heidegger. Medard Boss desenvolveu em sua casa em Zurick, no bairro de nome Zollikon, encontros com um grande número de psiquiatras e, em uma delas, Heidegger expôs aspectos de seu pensamento que pudessem ajudar o trabalho dos médicos. Esses encontros, que ocorreram durante 10 anos, são conhecidos como os "Seminários de Zollikon" e, mais tarde, foram publicados por Boss.

Binswanger teve um contato mais distante com Heidegger e, por isso mesmo, se tornou mais independente. Enquanto Boss comungava na cartilha de Heidegger, Binswanger se inspirava no pensamento do filósofo e elaborava um pensamento mais próprio e original.

Entretanto, o caminho de afirmação dessa corrente em Psicologia não foi tão claro e fácil. Existiram algumas dificuldades epistemológicas e terminológicas. De forma simples, podemos dizer que a *Daseinsanalyse* (Análise Existencial) designa a descrição dos fenômenos que se mostram concretamente na história de vida de um ser humano, isto é, em terminologia heideggeriana do *Dasein*. Podemos dizer que a visão de homem dessa abordagem pode ser resumida da seguinte maneira: o homem não é uma coisa no sentido de algo que subsiste, mas um *Dasein*, isto é, um existente, um ser que é, na medida em que o seu ser é, uma abertura no Ser (Dastur; Cabestan, 2011).

Distinções fenomenológicas

No sentido de termos clara a especificidade de Análise Existencial, precisamos fazer algumas distinções. Em primeiro lugar, como todo ponto de partida para a compreensão do homem como portador de sentido, temos que ver como se concretizou a construção da *Daseinsanalyse*, parte do projeto husserliano de uma psicologia fenomenológica. O projeto de Husserl lança bases para se pensar a necessidade de uma nova compreensão dos fenômenos psíquicos e nos ajuda a explicitar de que tipo de Psicologia deveria ser renunciada, e o que Binswanger e Boss reafirmam: o sentido de uma psicopatologia de sintomas não tem mais lugar na prática médica.

Portanto, Husserl desenvolve o conceito de "intencionalidade", e com isto vai se opor à psicologia experimental, que busca estabelecer regularidades psicofísicas e ligações de causalidade. Essas duas atitudes para Husserl são estranhas à vida da consciência intencional (Dastur; Cabestan, 2011). Não podemos esquecer que essa via de compreensão dos fenômenos psíquicos se deve à clareira aberta por Dilthey, quando este distingue as ciências da natureza e as ciências do espírito. A afirmação de que compreender (*Verstehen*), uma abordagem mais própria para se entender os fenômenos psíquicos, é diferente de explicar (*Erklären*).

Husserl postula assim o seu pensamento, a fenomenologia, como um método capaz de fundamentar uma nova psicologia, diferente da psicologia experimental que vinha à luz com o trabalho de W. Wundt. O projeto de Husserl será denominado "psicologia fenomenológica", que se explicita no curso que ele deu no ano de 1925[3].

Françoise Dastur, resumindo o projeto husserliano de sua psicologia fenomenológica, caracteriza esta em três aspectos fundamentais (Dastur; Cabestan, 2011). Essa psicologia, diferentemente de uma psicologia empírica, deve ser uma psicologia racional, isto é, uma compreensão das estruturas psíquicas a partir da reflexão e não da experimentação dentro de um laboratório. A segunda característica é que essa psicologia deve ser descritiva, no sentido de uma descrição das essências ou descrição eidética. Ao se descrever as essências e as conexões da vida psíquica como decorrência dessa posição, surge a terceira característica, que é a busca de se compreender a vida psíquica como uma via intencional e, assim, a nova psicologia deve ser a ciência descritiva dos fenômenos intencionais[4]. Dessa forma, está lançado o projeto husserliano de uma nova psicologia capaz de fundar toda a psicologia empírica. Essa psicologia fenomenológica pode ser caracterizada como uma eidética da subjetividade transcendental.

Entretanto, partindo do pressuposto que postula uma nova compreensão do psiquismo, Heidegger ques-

---

3 Este texto, juntamente com outros que completam a ideia de psicologia fenomenológica, foi publicado no volume IX das *Husserlianas*, que busca reunir a obra completa de Edmund Husserl. Foi organizado por Walter Biemel e publicado no ano de 1968. Existe uma tradução francesa: HUSSERL, Edmund. *Psychologie phénomenologique (1925-1928)*. Paris: J. Vrin, 2001.

4 Podemos detectar essas características no parágrafo 4 do curso dado por Husserl no ano de 1925. HUSSERL, Edmund. *op. cit.*, 2001, p. 47-51.

tiona a possibilidade do entendimento da subjetividade transcendental. Para ele, só a partir da perspectiva ontológica da analítica existencial será possível a construção de uma psicologia intencional (Dastur; Cabestan, 2011). Daí que o termo *Daseinsanalyse* aparece pela primeira vez em *Ser e Tempo*, e mais tarde será usado por Binswanger e por Boss. Diante desses diferentes significados, Heidegger, em um dos seminários na casa de Boss, mais precisamente no seminário do dia 26 de novembro de 1965, apresenta três significados para o termo *Daseinsanalyse.*

O primeiro significado aparece na obra *Ser e Tempo* e significa a iluminação das determinações do *Dasein*, isto é, a interpretação do ser homem como *Dasein*[5]. A compreensão do *Dasein* somente se dará a partir da sua relação com o Ser. Por isso mesmo, Heidegger buscou explicitar na obra as exigências do homem e a estrutura unitária desses existenciários que ele denominou "cuidado" (*Sorge*). Nos seminários, o filósofo alemão explicita que a analítica não é a dissolução dos elementos, mas a articulação da unidade estrutural (Heidegger, 2011). Dessa forma, o termo *Daseinsanalyse* tem um significado não empírico, mas ontológico, isto é, clarear as estruturas *a priori* do ser homem. Assim, aqui, o termo "analyse não tem o sentido moderno de recondução dos elementos, nem o seu sentido freudiano de dissolução dos sintomas nos seus elementos explicativos, mas no sentido kantiano de recondução a uma unidade sistemática" (Dastur; Cabestan, 2011, p. 48).

5 A tradução do termo "Dasein" tem gerado uma grande polêmica. Optamos por manter o termo em alemão.

O segundo significado é o sentido de uma *Daseinsanalyse* médica que tem como objetivo a descrição dos fenômenos que se revelam num Dasein singular e, portanto, a relação entre a *Daseinsanalyse* ontológica e a *Daseinsanalyse* médica é uma relação de fundação da primeira com respeito à segunda. O médico pensa em tratar o seu paciente à luz da compreensão existencial do *Dasein*.

Nesse ponto, a compreensão do termo nos coloca diante de uma missão prática, isto é, que a minha compreensão do cliente à luz da interpretação analítica de Heidegger abra caminho para uma prática clínica. Porém, para a *Daseinsanalyse* médica propriamente dita, podemos ainda dar a esse termo um terceiro significado:

> O conjunto de uma possível disciplina que tem por objetivo expor de maneira coerente os fenômenos existenciais a que podemos assistir no Daseins sócio-histórico e individual (Dastur, 2012, p. 8)[6].

Portanto, trata-se de se construir uma antropologia existencial que teria como objetivo interpretar as questões existenciais do *Dasein* a partir da luz da analítica do *Dasein*. No fundo, essa terceira significação é um desafio para a construção de uma *Daseinsanalyse* antropológica.

---

6 Palavras de Heidegger no *Seminário de Zollikon*, que foram retomadas por Françoise Dastur (2012, p. 8) no seu artigo "O que é a Daseinsanalyse?". DASTUR, Françoise. *O que é a Daseinsanalyse?* Covilhã: Universidade da Beira Interior, 2012.

Segundo Heidegger, essa seria uma missão que os médicos teriam e que até o momento não tinha sido construída, uma vez que, para Heidegger, Binswanger, ao estruturar sua *Daseinsanalyse* psiquiátrica, não a fundamentou em uma plena compreensão da analítica do *Dasein*. Contudo, nas palavras de Binswanger, essa relação se estabeleceu quando afirma:

> Por analítica existencial (*Daseinsanalytik*) eu entendo a classificação filosófico-fenomenológica da estrutura *a priori* ou transcendental do ser-presente como ser no mundo (Binswanger, 1970, p. 86).

Que se deve a influência do filósofo Martin Heidegger, e por Análise Existencial (*Daseinsanalyse*) entendo "uma análise empírico-fenomenológica, científica, dos modos e da estrutura do ser-presente (actuais)" (Binswanger, 1970, p. 86).

A grande questão é que a compreensão de Binswanger do *Ser e Tempo* é antropológica e não ontológica; entretanto, a meu ver, isso não invalidou toda a construção teórica da análise existencial de Binswanger. Merece destaque, aqui, o posicionamento de Roland Kuhn, discípulo direto de Binswanger, que destaca o aspecto positivo da compreensão do equívoco.

Análise Existencial de Binswanger

Em um texto diretamente publicado em francês, Binswanger nos fala da dificuldade de traduzir

Daseinsanalyse por "Análise Existencial", pois diz que o termo alemão é dificilmente traduzível, mas que num esforço de fidelidade ao seu conteúdo, poderia ser traduzido por "análise antropológico-fenomenológica" (Binswanger, 1951). Porém, essa definição restringe em demasia o projeto de criação da análise existencial, cujo propósito era buscar um terreno que possibilitasse à psiquiatria uma autocompreensão como ciência.

Roland Kuhn, um dos maiores discípulos de Binswanger, definiu a *Daseinsanalyse* como "um método de pesquisa científica e como trabalho prático de psiquiatria e psicoterapia modernas" (Roland, 1973, p. 78-91). Essa definição mostra o quanto Binswanger se preocupava também em esboçar uma prática terapêutica a partir de toda a sua fundamentação epistemológica da ciência psiquiátrica. Podemos dizer que a definição nos coloca diante de três aspectos da *Daseinsanalyse*. Primeiro, a explicitação de uma antropologia fenomenológica que servirá de base para uma segunda investigação, que é a compreensão do psicopatológico, objeto de trabalho cotidiano de Binswanger. A terceira dimensão da análise existencial surge do aspecto prático destacado anteriormente. Quais seriam, então, as categorias que poderiam sustentar esse trabalho prático? Vamos esboçar, a seguir, algumas ideias da *Daseinsanalyse* como uma análise teórica, como uma compreensão psicopatológica do ser humano e como uma terapia, isto é, como um trabalho terapêutico.

Podemos resumir as diversas perspectivas com os termos mais adequados para cada uma das abordagens. O primeiro termo, *Daseinsanalylik*, quer designar a interpretação dos existenciários do *Dasein*, isto é, uma perspectiva ontológica da compreensão do ser humano. O segundo termo, "*Daseinsanalyse* antropológica", é uma compreensão existencial do *Dasein* e se refere à construção de uma antropologia ôntica do homem. Dessa maneira, reservaríamos o termo "*Daseinsanalyse* médica" à compreensão do *Dasein* particular, que se exprime pela perspectiva da psicopatologia. Finalmente, a "*Daseinsanalyse* terapêutica" que se refere à construção teórica para uma intervenção clínica.

1) ***Daseinsanalyse*** como análise teórica

Se Heidegger, em sua obra *Ser e Tempo*, faz uma análise da estrutura ontológica do *Dasein*, Binswanger em sua obra fundamental *Grundformen und Erkenntnis des menschlichen Daseins*, explicita a estrutura antropológica do *Dasein*. Como dissemos anteriormente, houve um erro de interpretação por parte de Binswanger na compreensão do *Ser e Tempo*. O próprio Binswanger, no prefácio da quarta edição do livro *Grundformen*, admite que a compreensão antropológica do Ser e Tempo está subjacente a sua elaboração do *Dasein* como amor (*Liebe*)[7]. Entretanto, também como dissemos anteriormente, isto não inviabilizou a elaboração de uma antropologia que pudesse fundamentar toda a sua prática médica.

Dessa forma, a Análise Existencial elaborada por

7 "Das Ziel der "Grundformen" war nicht eine gegenschrit zu "sein und zeit" sein zu wollen, sondern eine Phänomenologie der Liebe". Prefácio do *Grundformen* (5. ed., p. 17).

Binswanger proporciona uma visão de totalidade de existência do homem, abrindo os novos horizontes contra uma compreensão mais biologicista da Psiquiatria de sua época. Segundo Binswanger:

> A explicação heideggeriana do Dasein é efetuada relativamente à compreensão do ser, mas não como intenção antropológica, nem com a intenção de descrever o Dasein humano segundo todas as direções de sentido (Binswanger, 1970, p. 94).

É nessa perspectiva que podemos compreender o esforço do pensador em desenhar uma antropologia[8] que servisse de base para todo o seu trabalho clínico. Para ele, "as formas fundamentais de Presença humana são a dualidade, a pluralidade ou a personalidade, a singularidade" (Binswanger, 1973, p. 382). As modalidades a partir das quais podemos explicitar, de forma resumida, as características do *Dasein* são três[9]:

a) Modalidade dual

Com esta modalidade, Binswanger quer destacar a importância da vocação humana na sua dimensão mais profunda, que é a do encontro interpessoal. Para isso, utiliza

---

8 O sentido da palavra "antropologia" em Binswanger deve ser tomado no sentido filosófico e não biológico.

9 Confira uma exposição dessa antropologia binswangeriana no meu livro *Psicoterapia fenomenológico-existencial*: fundamentos filosófico-antropológicos. Rio de Janeiro: Editora Via Verita, 2017.

o termo "*miteinandersein*", que significa que na existência o ser humano deve estar numa relação de reciprocidade com o outro e não somente estar ao lado do outro. Dessa forma, a melhor tradução para o termo seria ser-em-relação-de-reciprocidade, atendendo à ideia original de Binswanger. Assim, o sentido de dualidade, a maneira "do nós do amor, é totalmente diferente do sentido de ser dois no qual um está em oposição ao outro" (Binswanger, 1973, p. 382). Essa perspectiva antropológica de destacar o encontro como a base de toda a originalidade primária, Binswanger a encontra em duas modalidades de existir, no amor e na amizade (Binswanger, 1973). Para defender a importância dessas duas manifestações factuais do *Dasein*, Binswanger afirma:

> O amor e a amizade são uma relação originária primária, isto é, uma relação originária primária antropológica que não pode ser derivada mais longe (Binswanger, 1973, p. 222).

b) Modalidade plural

Esta forma de expressão da presença humana constitui o segundo eixo da antropologia binswangeriana. Aqui, o tu não se mostrará em toda a sua autenticidade, que seria na forma dual, mas o *Dasein* cai nas manifestações limitativas. Ele vai deixar-se ser captado nas relações em que o tu será absorvido pelas relações de utilidade e de instrumentalidade (Binswanger, 1973).

A modernidade plural será percebida a partir dos diferentes modos de ser-com um outro ou muitos outros, isto é, nas relações que no cotidiano visam desintegrar a verdadeira relação entre o Eu e o Tu. Cada modo de ser-com é uma maneira antropológica específica de a Presença se manifestar e cada forma revela a especificidade do ser-no-mundo cotidiano.

c) Modalidade singular

A singularidade é o terceiro eixo da antropologia binswangeriana. Ela revela o modo segundo o qual o *Dasein* (Presença) está em relação consigo mesmo, ela é o ser-em-si-mesmo. Como nos modos precedentes, a singularidade deve ser compreendida como uma dimensão do *Dasein* que está sempre em relação com as outras duas modalidades. A singularidade significa postura própria no mundo, qualquer coisa de excepcional (Binswanger, 1973).

Nesse modo de presença humana as características serão determinadas pela forma com que o ser humano vive a sua sexualidade, isto é, a sua relação com o corpo. Também, aqui, está implicada toda a questão dos sonhos pessoais de cada um. É uma modalidade antropológica que corresponde à relação do mundo próprio, nomeado de Eigenwelt, do ser humano.

2) A *Daseinsanalyse* como compreensão psicopatológica do ser humano

Aqui se delineia o segundo significado de *Daseinsanalyse* em Binswanger. É, pois, um grande esforço teórico em busca de uma compreensão dos modos de ser do homem enquanto o ser-no-mundo se torna imperioso. Esse esforço de Binswanger estará presente em toda a sua vida. Primeiro, ele busca na psicanálise uma inspiração para entender o doente psicopatológico além das categorias tradicionais. Entretanto, com a doutrina de Heidegger, abre-se para Binswanger uma via de compreensão mais pertinente na compreensão do psicopatológico. Mais adiante, ele entende que é a teoria de Husserl que poderá oferecer-lhe uma melhor compreensão da experiência psicopatológica. Para ele, Binswanger, a tarefa da psiquiatria é descrever, a partir dessa estrutura primordial, as flexões que nela se manifestam nas experiências tanto neuróticas quanto psicológicas:

> A compreensão da experiência psicopatológica não resultará então de uma explicação dos mecanismos e dinamismos envolvidos em sua produção, mas emerge na descrição do projeto-de-mundo do homem doente: não será possível compreender a psicose de um homem enquanto não tivermos percorrido plenamente todos os seus mundos. Cabe assim ao psiquiatra resgatar o peso da existência psicótica em toda a sua expressividade (Fédida, 1970, p. 22).

Dessa forma, a busca de Binswanger é pela compreensão total da existência do homem enfermo, e não por um aspecto isolado. Para executar essa missão, Binswanger escreve o livro *Grundformen*.

A partir do embasamento teórico da obra, o pensador procura estudar alguns casos de esquizofrenia, mais precisamente os casos de Ellen West, Ilse, Suzana Urban, Lola Voss et Jurg, aos quais aplica suas categorias existenciais. Esses casos foram publicados primeiramente em separados, mas depois, em 1957, foram reunidos no livro *Esquizofrenia* (Binswanger, 1957). Nesses estudos, Binswanger apresenta-nos uma riqueza de compreensão dos casos no sentido de apresentar o caso sob três pontos vitais: a perspectiva psicanalítica, a psicopatológica e a da análise existencial.

O que Binswanger sempre buscou foi captar o movimento da vida por meio do movimento espacial e temporal. Seu esforço é de colocar uma luz no movimento como característica essencial do homem. Assim, na última fase do seu pensamento, Binswanger busca em Husserl uma nova inspiração para a psiquiatria. Observemos que ele não abandona a *Daseinsanalyse*, porém, nos estudos sobre a mania, a melancolia e o delírio, o que está em jogo não é a análise dos modos de ser do ser humano, mas a análise intencional. Ele mesmo anuncia nos subtítulos de suas obras que se trata de um estudo fenomenológico e não daseinsanalítico. Busca, antes de mais nada, uma compreensão transcendental da estrutura *a priori* da experiência. Não é uma compreensão da experiência do vivido, nem uma fenomenologia do espaço e do tempo vividos, mas uma fenomenologia transcendental. Essa última fase do pensamento de Binswanger abrange um estudo epistemológico, pois "as doenças mentais seriam expressões de distúrbios da consciência transcendental" (Gambini, 1993, p. 259).

3) ***Daseinsanalyse*** como terapia

Esta terceira acepção do conceito de *Daseinsanalyse* na obra de Binswanger revela sua preocupação prática, isto é, frente ao paciente internado na sua clínica, o que fazer? Essa preocupação aparece quando, em uma conferência para psiquiatras, ele levanta a questão: "Como a psicoterapia pode agir?" A eficácia da psicoterapia se baseia na aplicação de uma mera técnica ou exige alguma postura diferente? Em outras palavras? A eficácia da psicoterapia é baseada na compreensão teórica do problema do paciente ou em algo além disso?

Para elaborar uma resposta a essa questão, podemos destacar dois artigos de Binswanger: "Sobre a psicoterapia" (1935) e "Análise Existencial e Psicoterapia II" (1951)[10]. A preocupação deles é mostrar que a ação terapêutica é mais do que uma simples compreensão do caso patológico. A ação terapêutica exige um aparato conceitual que sustente a intervenção clínica.

Resumidamente, podemos dizer que a categoria da intersubjetividade sustenta todo o trabalho clínico. Entretanto, a qualidade da reciprocidade, elemento-chave na intersubjetividade, é que será a responsável pelo desenvolvimento da terapia. A real exploração da história de vida do paciente que provocará uma real mudança na trajetória da pessoa ocorrerá se o médico ou o psicólogo for capaz de estabelecer uma relação existencial. Isso é tão

---

10 Esses dois artigos foram publicados no Brasil pela editora Via Verita, nos livros: *Sonho e existência* (2013) e *Psicoterapia e análise existencial* (2019).

importante que o fracasso de um tratamento psicoterápico não deve ser procurado na aplicação da técnica ou na compreensão correta do caso, mas na incapacidade de se estabelecer uma comunicação autêntica entre os dois parceiros de terapia, isto é, uma relação dual autêntica.

Para que a psicoterapia seja vivida como um encontro existencial, o terapeuta deve se colocar como uma presença, isto é, adotar uma postura que possibilite ao outro a busca de si mesmo e a reconciliação com o mundo.

Como última observação, para Binswanger, a terapia se estrutura em torno de dois polos. O primeiro seria a tarefa de compreensão existencial do modo de ser do doente. A doença não é vista a partir dos sintomas, mas por meio de uma compreensão antropológica, isto é, como uma forma de habitar o mundo. O segundo polo se concretizaria na tarefa de transformar o sofrimento humano, isto é, colaborar para que o novo modo de existir seja a vivência libertadora do homem.

Referências

BINSWANGER, Ludwig. *Analyse existentielle et psychanalyse freudienne*. Paris: Gallimard, 1970.

BINSWANGER, Ludwig. La Daseinsanalyse em Psychiatrie. *L'éncephale*, Paris, v. 1, p. 108-113, 1951.

BINSWANGER, Ludwig. *Discours, Parcours et Freud*. Paris: Gallimard, 1970.

BINSWANGER, Ludwig. *Grundformen und Erkenntnis des menschlichen Daseins*. 5. ed. Basel: Ernst Reinhart Verlag, 1973.

BINSWANGER, Ludwig. *Schizophrenie*. Pfüllingen: Günther Nesve, 1957.

DASTUR, Françoise; CABESTAN, Philippe. *Daseinsanalyse*. Paris: J. Vrin, 2011.

DASTUR, Françoise. *O que é a Daseinsanalyse?* Covilhã: Universidade da Beira Interior, 2012.

FÉDIDA, Pierre. Prefácio do livro de Binswanger, *Discours, Pacours et Freud* (1970, p. 22), citado por GAMBINI, Martha. *A presença de Freud na obra de Ludwig Binswanger*. Dissertação (Mestrado em Psicologia Clínica) – Pontifícia Universidade Católica de São Paulo, São Paulo, 1993, p. 150.

GAMBINI, Martha. *A presença de Freud na obra de Ludwig Binswanger*. Dissertação (Mestrado em Psicologia Clínica) – Pontifícia Universidade Católica de São Paulo, São Paulo, 1993.

GIOVANETTI, José P. *Psicoterapia fenomenológico-existencial*: fundamentos filosófico-antropológicos. Rio de Janeiro: Editora Via Verita, 2017.

GIOVANETTI, José P. *Psicoterapia antropológica*: as contribuições de Binswanger e Gendlin. Belo Horizonte: SPES Editora, 2018.

GIOVANETTI, José P. *Fenomenologia da afetividade I*: compreensão antropológica dos afetos. Belo Horizonte: Mosaico Editora, 2024.

HEIDEGGER, Martin. *Seminários de Zollikon*. Petrópolis: Editora Vozes, 2001.

HUBER, Winfrid. *La psychologie clinique aujoud'hui*. Bruxelles: Pierre Murdage Editeur, s.d.

HUBER, Winfrid. *L'homme psychopathologique et la psychologie clinique*. Paris: PUF, 1993.

HUSSERL, Edmund. *Psychologie phénoménologique (1925-1928)*. Paris: J. Vrin, 2001.

KUHN, Roland. Daseinsanalyse. In: *Lexikon der Psychiatre*. Berlin/Heidelberg/New York: Springer, 1973, p. 78-91

LOPARIC, Zeljko. Binswanger, leitor de Heidegger: um equívoco produtivo? *Natureza Humana*, São Paulo, v. 4, n. 2, p. 255-272, jul./dez. 2002.

ORTIZ, Efrén (org.). *Las psicoterapias existenciales*. México; Bogotá: Manual Moderno, 2011.

2

Carta a um(a) Gestalt-terapeuta iniciante: proseando sobre o diagnóstico à luz da Gestalt-terapia

Claudia Lins Cardoso

Caro(a) Gestalt-terapeuta iniciante no ofício e na arte da psicoterapia,
Saudações gestálticas!

A partir da minha trajetória de muitos anos como Gestalt-terapeuta, professora e supervisora, tenho sido testemunha (com muito gosto!) do despertar de vários alunos e alunas como psicoterapeutas, especialmente tendo a Gestalt-terapia como referência teórica. Para mim, é um privilégio acompanhar esse desabrochar, muitas vezes pleno de ansiedades, angústias e inseguranças de diversas naturezas. Uma das coisas que sempre digo para meus supervisionandos iniciantes é que não tem problema nenhum ser inexperiente como psicoterapeuta. Ninguém nasce experiente em nada! Mas em nossa profissão, onde falta a experiência, devem sobrar leituras e muita reflexão sobre elas...

Nesse sentido, dirijo-me principalmente a você, iniciante nesse caminho da clínica tendo a Gestalt-terapia como referência, ciente de que você vai acompanhar pessoas dispostas a compartilhar contigo aquilo que elas têm de mais sagrado: a sua intimidade. Elas vão contar-lhe coisas as quais não contam para ninguém, às vezes, nem para elas mesmas. E serão muitas histórias carregadas de sofrimento e de crises, pré-requisitos para o início de toda e qualquer psicoterapia. Portanto, partindo do princípio de que a pessoa, ao buscar a psicoterapia, é um ser que sofre, pretendo compartilhar, nesta breve comunicação, algumas reflexões sobre o sofrimento humano e os recursos dos quais dispomos para acompanhá-la, a partir do que venho estudando, aprendendo e considerando sobre sofrimento, psicopatologia e a nossa missão como Gestalt-terapeutas.

Quase todo processo psicoterapêutico começa do mesmo jeito: o(a) cliente chega no seu consultório (ou na sala virtual), se posiciona diante de você e começa a contar a sua história cheia de personagens (ou não!), de situações e de algum tipo de crise ou de sofrimento com maior ou menor intensidade. E você começa a interagir com ela a partir desse relato, muitas vezes dramático. Como diz George Wollants (2015, p. 17), Gestalt-terapeuta belga, "a pessoa e seu mundo entram juntos na sala de psicoterapia". Dependendo da situação compartilhada, pode bater até um desespero em você, mas em algum momento emerge a pergunta: *o que eu faço com isso tudo para ajudar a pessoa a, pelo menos, diminuir seu sofrimento?*

É a partir daí que a fundamentação teórica vai te dar sustento. Na verdade, você já deve ter a sua referência desde o momento em que se prepara para abrir a porta do consultório ou clicar e se conectar com a pessoa na sala virtual. Então, voltemos à pergunta inicial, após escutar o relato da pessoa: *o que eu faço com isso tudo para ajudar a pessoa a pelo menos diminuir seu sofrimento?* Fundamentada na Gestalt-terapia, eu tenho uma resposta para lhe dar, e a resposta é: nada! Você não vai fazer nada!

"Fazer" (do latim *facere*) é um verbo que significa "produzir", "agir", "realizar", "executar", com o objetivo de provocar uma mudança em algo ou em alguém. Definitivamente, este não deve ser o seu objetivo como Gestalt-terapeuta, pois já no livro fundante de nossa abordagem, *Gestalt-terapia*, Perls, Hefferline e Goodman (1997, p. 51) afirmavam: "a psicoterapia é um método não de correção, mas de crescimento". Ao que eu, modestamente, acrescento: e crescimento não é algo que acontece de fora para dentro, mas de dentro para fora.

A partir de sua fundamentação antropológica humanista, existencial e fenomenológica, a Gestalt-terapia propõe ser a mudança a consequência do processo terapêutico, e não seu objetivo. Trata-se de uma abordagem que considera a pessoa como um ser único, livre e responsável por sua existência, dotado de uma consciência intencional, a qual atribui a todas as coisas do mundo um sentido próprio. Assim, o(a) Gestalt-terapeuta busca ajudá-la a reconhecer e a assumir seu projeto de vida, respeitando suas potencialidades e limites. A compreensão do indivíduo ocorre, então, a partir de seu modo de existir no presente, incluindo como vive e experiencia o mundo e suas situações.

E você deve estar se perguntando: *Ok, Claudia, mas se eu não faço nada, então, o que eu faço?* Minha resposta é: assumir uma postura muito específica, facílima de entender, mas muitas vezes dificílima de praticar, ou seja, a de abertura para acolher o outro, com suas histórias, dramas, dores, sofrimentos e fragilidades, com uma escuta fenomenológica que te torne capaz também de reconhecer a sua força, as suas potências e as suas habilidades. Isso vale, inclusive, quando nos deparamos com escolhas e formas divergentes das nossas.

Há algum tempo, escrevi um texto sobre escuta fenomenológica[1] no qual ressalto o fato de que muitas pessoas chegam à psicoterapia com a capacidade de se escutar comprometida, cabendo ao(à) Gestalt-terapeuta ajudá-las a recuperar essa habilidade, compreendendo os sentidos de sua fala a partir do seu próprio referencial. Para isso, a escuta genuína é fundamental a fim de confirmar o outro na sua singularidade e de estimular a sua autopercepção. Ao criar um ambiente de escuta autêntica, curiosa e amorosa, o(a) Gestalt-terapeuta favorece uma relação verdadeira e desperta no(na) cliente maior interesse por sua própria experiência. Nesse sentido, proponho a "escuta fenomenológica" como uma prática terapêutica a qual prioriza os sentidos expressos

---

1 CARDOSO, Claudia L. A escuta fenomenológica em Gestalt-terapia. *Phenomenological Studies*: Revista da Abordagem Gestáltica, v. 29, n. 1, p. 1-14, 2023.

na fala e na expressão do(a) cliente, sem julgamentos ou imposições do psicoterapeuta. Esta escuta facilita a *awareness*, criando um ambiente acolhedor que favorece a autenticidade e o contato com aspectos alienados do ser. Isto é, ao ouvir genuinamente e aceitar o(a) cliente sem críticas, você promoverá um campo facilitador de um processo terapêutico profundo e respeitoso, essencial para a revelação e a integração da experiência do(a) cliente. Assim, ao deixar de lado todos os *a prioris* e os preconceitos no momento do encontro terapêutico, você estará praticando aquilo que Husserl chamou de *epoché* ou "redução fenomenológica" e se abrindo para a presença do encontro, para as ressonâncias e as experiências das forças emergentes no campo cocriado entre você e seu cliente.

Como Gestalt-terapeuta, não cabe buscar analisar o que ocorre em termos de causa e efeito, muito menos interpretar a história narrada a partir do seu sistema de crenças ou de referenciais teóricos que pretendam classificar a pessoa em uma nosologia e oferecer um repertório de intervenções para curá-la ou modificá-la de alguma forma, como se a psicoterapia fosse uma oficina existencial. De forma bem diferente, fundamentado(a) na abordagem gestáltica, você deve usar todas as suas habilidades interpessoais e intervenções para ajudar a pessoa a descrever suas experiências e, com isso, a se reconhecer como protagonista de sua própria história, ampliando sua capacidade de dizer de si, muito mais do que a deixar-se dizer pelos outros.

Ao oferecer suporte para que a pessoa se desvele, a psicoterapia se caracteriza como um campo no qual ela pode atualizar os sentidos da situação vivida no "lá e então" de sua história no aqui e agora do encontro terapêutico. Por "sentido", refiro-me à tradução existencial feita pela pessoa por tudo que lhe acontece, o que é absolutamente pessoal, em função de todos os processos que compõem a sua subjetividade (afetos, crenças, desejos, *gestalten* abertas etc.). Assim, é como se você proporcionasse à pessoa do(a) seu(sua) cliente a oportunidade de "passar a limpo" aquele fragmento da sua história pleno de afetos, presenças, ausências, sofrimentos, potências e por aí vai. Ao intervir nesse sentido de auxiliá-la a se mostrar se no seu mundo próprio, você tem o privilégio de conhecê-la no seu processo de vir-a-ser no mundo, com seus fluxos e seus impasses, dentre outras coisas, mas, em especial, com aquilo que a imobiliza e sustenta a sua busca pela psicoterapia: o seu sofrimento.

Portanto, a partir dessa atitude de abertura para a pessoa do(a) seu(sua) cliente, com uma escuta fenomenológica, oferecendo suporte para que para que ela descreva suas experiências, e assim se reconheça, você não terá acesso cognitiva ou racionalmente ao sofrimento narrado, mas estará imerso no campo cocriado por vocês e será testemunha viva da pessoa que sofre na sua frente. E isso abre uma perspectiva terapêutica muito peculiar, com possibilidades de recursos terapêuticos extremamente valiosos para a Gestalt-terapia, por sua característica processual, relacional e experiencial no aqui e agora do encontro terapêutico. E isso lhe permitirá uma compreensão do sofrimento "encarnado" na relação, como um ajustamento criativo da pessoa em uma situação difícil, como um fenômeno emergente na fronteira de contato entre vocês. Assim, podemos entender o sofrimento como proposto por Cardella (2017, p. 105):

> É um fenômeno relacional e lá onde a presença amorosa nos faltou ou não pôde ser encontrada, construímos defesas; elas têm por função o preenchimento de vazios e a proteção diante da dor, e ao se cristalizarem, perpetuam, paradoxalmente, o sofrimento que tentaram evitar.

Assim, para a Gestalt-terapia, o sofrimento é uma forma peculiar de ser afetado(a) pelas situações difíceis, inerentes ao existir humano, que rompe o equilíbrio organísmico da pessoa de uma forma crítica. Não é algo que o(a) seu(sua) cliente tem ou que sofre e que cabe a você, como psicoterapeuta, aliviar ou extirpar. Mas, atenção! É importante ressaltar que sofrer faz parte da vida: o sofrimento é inerente à nossa existência, não sendo, necessariamente, sinônimo de psicopatologia. Nesse sentido, precisamos de ferramentas clínicas para nos auxiliarem a reconhecer a qualidade desse sofrimento, os recursos de que a pessoa dispõe (ou não) para lidar com ele e as referências para identificar se, e qual, a qualidade do sofrimento psicopatológico se trata.

Então, minha cara, meu caro, ao reconhecer o sofrimento causado pelos impasses, fatalidades, violências e ausências vivenciadas pela pessoa, você deve se tornar uma presença capaz de desenvolver uma compreensão dos fenômenos que caracterizam a pessoa que sofre em sua singularidade, o que, comumente, é chamada de "diagnóstico". Mas, na perspectiva gestáltica, diagnosticar não se refere à atribuição de rótulos ("depressivo", "bipolar", "ansioso", dentre tantos outros) às pessoas atendidas. Diferentemente disso, quero compartilhar com você um pouco da concepção sobre este tema proposta por Jan Roubal, Michela Gecele e Gianni Francesetti (2013), três psiquiatras Gestalt-terapeutas europeus com quem venho aprendendo muito sobre psicopatologia gestáltica. Eles afirmam que todas as informações "despejadas" pelo(a) cliente no encontro terapêutico precisam ser organizadas por você de modo a facilitar o contato e a oferecer suporte àquela pessoa em especial, para te orientar na condução do processo terapêutico, bem como nas suas intervenções. E esta é justamente a função do diagnóstico.

Ainda no que tange ao diagnóstico em Gestalt-terapia, ressalto a contribuição de Lilian Frazão, uma das pioneiras da Gestalt-terapia no nosso país, que lá em 1999 publicou um texto o qual considero ser uma contribuição inestimável sobre esse tema, em que ela destaca que o diagnóstico na clínica gestáltica deve envolver dois aspectos: a *comunalidade*, oferecida pelos critérios diagnósticos tradicionais no que se refere à descrição das características comuns às pessoas que sofrem determinado distúrbio (semelhante àqueles descritos no DSM-V [2022] e em outros manuais de psicopatologia); e as *singularidades*, referindo-se a processos criativos funcionais e disfuncionais, que abarcam a emergência e a evitação do contato em função da organização ou das distorções de suas percepções e sentimentos no processo de *awareness*. Assim, a autora propõe o diagnóstico não como uma classificação ou rótulo, mas como um pensamento diagnóstico processual. Ao assumir essa abordagem, você deverá ser capaz de acompanhar a pessoa do(a) seu(sua) cliente, momento a momento, buscando exercitar com ela a descrição e a compreensão de seu modo de ser, tanto naquilo que lhe é mais característico, quanto nos sentidos mais ou menos explícitos da sua experiência. Para isso, a Lilian enfatizava a importância de utilizarmos nosso olhar, sentidos, sentimentos, fantasias e observação para conhecermos a pessoa do(a) cliente.

Pelo exposto até aqui, espero que você tenha se dado conta do quanto o diagnóstico é muito importante no trabalho clínico, pois ele dá um sentido à situação clínica, na medida em que oferece ao Gestalt-terapeuta uma compreensão do campo a partir de uma perspectiva teórica, permitindo, com isso, a escolha da melhor intervenção possível naquele momento. Sem ele, as intervenções clínicas ficariam sem uma referência teórica adequada, ao acaso ou com base no "bom senso" do(a) psicoterapeuta, podendo, inclusive, colocar em risco a saúde mental e emocional da pessoa atendida.

Aqui, cito novamente o Jan, a Michela e o Gianni (2013) para compartilhar com vocês uma metáfora do diagnóstico bastante pertinente proposta por eles: no processo psicoterapêutico, você e seu cliente iniciam uma viagem juntos por um território a ser descoberto. Você, como psicoterapeuta, tem um papel e uma responsabilidade específicos nessa jornada, que variam de pessoa para pessoa e de território para território, mas que sempre envolvem cuidado. Nessa viagem, você e seu(sua) cliente exploram sua diversidade de paisagens – as interessantes, as perigosas, as que convidam para uma pausa, dentre outras – sem, necessariamente, um objetivo específico a ser alcançado na chegada. Porém, dada a vastidão do território e as mudanças típicas (de clima, de solo, de outras presenças etc., ou seja, dadas as intempéries da vida), sem um mapa que lhes ofereça um reconhecimento geral daquele território, ambos, você e seu(sua) cliente, podem ficar perdidos(as) e vulneráveis a eventuais perigos e ou imprevistos. Portanto, segundo os autores, esta é a função do diagnóstico: oferecer uma referência daquele território para auxiliar você a se situar e a reconhecer o melhor caminho, em função das contingências e da situação nas quais se encontram naquele momento específico.

Mas, lembre-se: do mesmo modo que o território não pode ser substituído pelo mapa, a pessoa do(a) seu(sua) cliente é muito mais do que eventuais compreensões diagnósticas que você possa obter das experiências que ela compartilha contigo. Assim como, ao usar um mapa em uma viagem, você foca tanto no mapa quanto no trecho do território em que se encontra, na situação clínica você faz uso do diagnóstico para compreender melhor aquele cenário e se orientar nele, sem abandonar a pessoa do(a) seu(sua) cliente. Este jamais pode ser reduzido ao mapa diagnóstico.

Lembre-se de que a face existencial da Gestalt-terapia concebe o ser humano como um ser de abertura, em um eterno vir-a-ser ao longo de toda a sua existência, com a liberdade para construir seu projeto de vida com responsabilidade a partir de suas escolhas. Por sermos seres-em-constante-relação, somos constituídos por processos, e isso não é pertinente com uma abordagem da pessoa como "estrutura" caracterizada por um padrão de ser-no-mundo fixo ou imutável, o que tem uma repercussão direta na compreensão diagnóstica adotada diante da pessoa por nós atendida[2].

O que estou escrevendo aqui não invalida, de forma alguma, o uso de um diagnóstico com base nas classificações do DSM-V ou em outros critérios. Certamente, você vai precisar trabalhar com uma referência diagnóstica, mas rotular a pessoa em uma determinada classificação não é a nossa maneira de trabalhar clinicamente.

Nesse ponto da nossa conversa, quero mencionar um texto escrito pelo Gianni e pela Michela (2009), no qual eles ressaltam dois tipos de diagnóstico clínico. O primeiro é o diagnóstico *extrínseco*, feito com base em um sistema externo de categorias (como o DSM, por exemplo). Na Gestalt-terapia, quando o(a) seu(sua) cliente conta a sua história e você pensa "ele(a) está

2 Se você quiser ler mais sobre este tema, segue a referência de um capítulo escrito por mim: CARDOSO, Claudia Lins. A Face Existencial da Gestalt-terapia. In: FRAZÃO, Lilian M; FUKUMITSU, Karina O. (orgs.). *Gestalt-terapia*: Fundamentos Epistemológicos e Influências Filosóficas. São Paulo: Summus, 2013. p. 59-75.

projetando ou retrofletindo", você está fazendo uso desse tipo de diagnóstico. E não há problema nenhum em utilizá-lo, do ponto de vista gestáltico. O problema é você ficar preso nele e só olhar a pessoa a partir do que os livros mencionam como característico daquele conceito diagnóstico, como se ele não pudesse "funcionar" de uma maneira diferente. O segundo tipo é chamado de diagnóstico *intrínseco*, e é enfatizado pelos autores como sendo aquele mais específico da Gestalt-terapia. Ele envolve um conhecimento relacional estético (ou seja, percebido a partir dos nossos sentidos, conforme definido por Margherita Spagnuolo Lobb [2023], uma Gestalt-terapeuta italiana referência mundial na nossa abordagem) em relação à sua experiência com o(a) cliente, a partir do que emerge na relação. Assim, ele permite que você, como psicoterapeuta, ajuste a sua forma de estar com o(a) seu(sua) cliente.

Em síntese, o diagnóstico extrínseco pode ser considerado o mapa do território da situação terapêutica: ele vai te proporcionar uma visão panorâmica e um senso de direção importantes na tomada de decisão e de posicionamentos em certo território. Por exemplo: o mapa oferecido pelo diagnóstico extrínseco ajuda a reconhecer se você e seu(sua) cliente estão em um território de experiência neurótica, psicótica ou borderline. É importantíssimo você fazer esse reconhecimento, pois a intervenção ou direção válida em um deles não é necessariamente nos demais. Ou, se você e aquela pessoa se encontram em um território ansioso, sua postura e intervenções devem ser distintas daquelas de um território deprimido, e assim por diante. A cada instante, as interações entre você e seu(sua) cliente são imprevisíveis, fazendo emergir uma diversidade de elementos e afetações a cada segundo: elas podem ser visuais, táteis, musculares, olfativas, gustativas, auditivas e acionam vivências e memórias em cada um de vocês.

Portanto, na compreensão diagnóstica gestáltica, penso que não nos cabe falar em estilo de personalidade (introjetor, defletor, egotista etc.) ou em tipos específicos de estrutura do modo de ser-no-mundo (deprimido, obsessivo-compulsivo, dentre outros), ainda que possamos reconhecer o uso de um ou outro mecanismo de evitação do contato por parte da pessoa em determinado momento ou a experiência de um tipo específico de sofrimento psicopatológico (análogo a uma paisagem que requer um mapa para nos orientarmos nela). Se fizermos esse tipo de classificação, aprisionamos o nosso olhar e, consequentemente, a nossa compreensão da pessoa e desconsideramos a possibilidade de qualquer outro tipo de experiência que possa emergir no campo.

Neste ponto, você pode estar se perguntando: *e como posso me orientar nessa complexidade?* Você pode ficar no caos dos estímulos gerados nessa interação, mas o diagnóstico intrínseco é uma das possibilidades, pois ele vai te oferecer um conhecimento (*gnosis*) do aqui e agora da relação através (*dia*) dos sentidos. Não se trata de uma comparação com o modelo de saúde/adoecimento, mas de uma orientação baseada na experiência na fronteira de contato com o(a) cliente a partir dos seus sentidos. Isso ocorre, por exemplo, naquela situação na qual você compreende a experiência relatada a partir da ressonância que brota no seu corpo, como um nó na garganta ou uma tensão muscular específica. E isso pode ser uma referência do que pode ou não ser dito naquele momento e de como você vai se expressar. É uma forma de apreensão do momento anterior à compreensão racional do que está se desdobrando na fronteira de contato entre você e seu cliente. É uma forma de apreensão sensível do campo, e não cognitiva ou racional, que te permite acessar aspectos particulares do que está emergindo no aqui-e-agora do encontro terapêutico..

Preciso enfatizar para você, neste momento, que ambos os diagnósticos são válidos e necessários, a depender do momento do encontro terapêutico e do objetivo de sua intervenção. Assim, ao diagnosticar a pessoa atendida, você se reconhece o tipo de sofrimento expresso por ela e pode orientar suas intervenções clínicas e conscientemente diferenciar entre estilos terapêuticos de trabalho com diferentes clientes. Ao atuar dessa forma, você não fica estagnado ou perdido, sendo capaz de elaborar hipóteses e de construir projetos terapêuticos. Gianni, Michela e Jan resumem essa abordagem ao sustentarem que, na abordagem gestáltica, o diagnóstico não se constitui em classificações fixas, mas em uma perspectiva descritiva, fenomenológica e flexível, semelhante a dimensões

A grande questão é: tudo isso seria muito fácil se nós fôssemos seres humanos simples, básicos, sempre coerentes e descomplicados, mas não é esse o caso. Acho que não vou exagerar se eu disser que não é o caso de nenhum de nós, não é mesmo? Tanto é que, como aprendemos com a filosofia, o ser humano pode ser apreendido a partir de diversas facetas: corpo, afetos, comportamento, crenças, relação etc. Então, a cada encontro com cada um de seus(suas) clientes, você estará imerso em uma experiência complexa – às vezes mais, às vezes menos, mas sempre complexa e que, muitas vezes, envolve algum tipo de sofrimento específico que caracteriza uma experiência psicopatológica.

Vamos imaginar uma cena: uma pessoa vivencia uma situação que a afeta significativamente, rompe o seu equilíbrio organísmico e ela experimenta algum tipo de sofrimento. Se ela tiver um certo nível de autossuporte e/ou de heterossuporte[3], pode encontrar a força necessária para elaborar aquela situação, experimentar uma superação e crescer, se fortalecendo, assim, para seguir adiante. Mas, por outro lado, se ela não encontra o suporte necessário para elaborar aquela situação, para processar os elementos de modo a estabelecer um contato, aquela situação não se converte em experiência, e permanece uma *gestalt* aberta, consumindo energia, impossibilitada de virar fundo e se transformar em passado, cristalizando um sofrimento que pode levar ao desenvolvimento de sintomas específico, e, consequentemente, a uma experiência psicopatológica.

Sinteticamente, a partir de autores como Lobb, Francesetti, Roubal, Gecele e Wollants, esse sofrimento cristalizado pode ser compreendido como o sofrimento

3 Recomendo a leitura de: ANDRADE, Celana C. Autossuporte e heterossuporte. In: FRAZÃO, Lilian M.; FUKUMITSU, Karina O. (orgs.). *Gestalt-terapia*: Fundamentos Epistemológicos e Influências Filosóficas. São Paulo: Summus, 2013, p. 147-162.

psicopatológico, entendido como o resultado de vários ajustamentos criativos para deixar de lado, para dissociar afetações, sensações e sentimentos os quais a pessoa não consegue assimilar ou integrar. Ele decorre da experiência que não pode ser atravessada e integrada por falta de suporte, e permanece ativada no corpo, tornando-se um presente que não pode se tornar passado e promovendo uma dessensibilização ou dissociação desses traços fragmentados (função do sintoma), caracterizando a impossibilidade de contato. É uma ausência, no sentido de algo que ainda não tomou forma porque não pode ser assimilado.

Nesse sentido, quero compartilhar com você a definição de psicopatologia gestáltica do Gianni (2021, p. 39):

> O estudo das experiências nas quais não nos sentimos inteiramente agentes e livres, em que não podemos exercitar plenamente uma escolha e que dizem respeito a nos sentirmos vivos, animados e em contato com o ambiente.

E ele destaca como sendo características dela:

- É fenomenológica (experiência intencional): focada na experiência do(a) cliente <u>e</u> do(a) psicoterapeuta;
- É orientada para o campo (relacional) na fronteira de contato;
- É paradigma do "entre cocriado" no aqui-e-agora do encontro;

- Refere-se à natureza unitária do campo organismo/ambiente;
- Parte do princípio de que uma relação nunca está restrita apenas ao indivíduo e ao outro, mas inclui uma terceira parte: o fundo, que dá sustento e sentido (em maior ou menor grau) à relação presente (ou não);
- Envolve valores estéticos (acessíveis através de nossos sentidos);
- É um ajustamento criativo em um campo difícil;
- Emerge na fronteira de contato e em uma situação (campo/contexto): nós olhamos a psicopatologia na fronteira, aqui e agora, não dentro do(a) cliente, como um evento emergente que foi ocorreu no passado;
- Refere-se à qualidade da dinâmica figura/fundo;
- É dimensional (semelhante a um espectro), não categórica;
- Considera a totalidade do campo total, ou seja, psicoterapeuta e cliente estão conectados(as);
- É holística (envolve, inclusive, o corpo);
- É experienciada no tempo e no espaço.

Nesse sentido, no trabalho como Gestalt-terapeuta, é essencial você modular a sua presença para dar suporte às forças de transformação do campo psicopatológico, principalmente após reconhecer, por meio do diagnóstico, que tipo de "paisagem" (experiência psicopatológica) você e seu(sua) cliente estão percorrendo. Isso fortalece o fundo que dará sustento à mudança, a partir da sua disponibilidade para ser um interlocutor sensível e disponível para as forças presentes no campo, as quais pedem por uma expressão e uma atualização.

Neste momento, se você conseguiu acompanhar meu raciocínio neste texto, imagino que você deva estar pensando: *então, Claudia, eu assumo uma postura acolhedora e ofereço uma escuta fenomenológica que convidam o(a) meu(minha) cliente a se desvelar a cada sessão terapêutica, me permitindo reconhecer a qualidade dos seus sofrimentos e desenvolver uma compreensão diagnóstica (extrínseca e intrínseca), que me permite reconhecer qual o tipo de experiência psicopatológica emerge no campo terapêutico.* Se você captou isso, fico feliz e posso te dizer que minha intenção com a escrita desta carta para você foi cumprida!

E, inevitavelmente, você, neófito(a) na arte da clínica gestáltica, pode querer me perguntar: *mas como eu trabalho ao reconhecer um tipo específico de experiência psicopatológica? Como devo atuar? Quais intervenções posso ou não utilizar?* Minha resposta: *aí, mudamos o rumo da prosa e adentramos outro tema: o da psicopatologia gestáltica. E essa é uma conversa para outra ocasião...*

Por hoje, é isso!

Um abraço,

Claudia

Referências

AMERICAN PSYCHIATRIC ASSOCIATION. *Manual diagnóstico e estatístico de transtornos mentais:* DSM-5-TR. 5. ed. rev. Porto Alegre: Artmed, 2022.

CARDELLA, Beatriz H. P. *De Volta para Casa:* Ética e Poética na Clínica Gestáltica Contemporânea. Amparo: Gráfica Foca, 2017, p. 105.

FRANCESETTI, Giani. *Fundamentos da psicopatologia fenomenológico-gestáltica:* uma introdução leve. Belo Horizonte: Artesã, 2021, p. 39.

FRANCESETTI, Gianni; GECELE, Michela. A Gestalt therapy perspective on psychopathology and diagnosis. *British Gestalt Journal*, v. 18, n. 2, p. 5-20, 2009.

FRAZÃO, Lilian M. A compreensão do funcionamento saudável e não saudável a serviço do pensamento diagnóstico em Gestalt-terapia. *Revista do V Encontro Goiano de Gestalt-terapia*, n. 5, p. 27-34, 1999.3

LOBB, Margherita S. *Do-agora-para-o-que-está-por-vir na Psicoterapia:* A Gestalt-terapia Recontada na Contemporaneidade. Belo Horizonte: Artesã, 2023.

PERLS, Frederick; HEFFERLINE, Ralph; GOODMAN, Paul. *Gestalt-terapia.* São Paulo: Summus, 1997, p. 51.

ROUBAL, Jan; GECELE, Michela; FRANCESETTI, Gianni. Gestalt therapy approach to diagnosis. In: FRANCESETTI, Gianni; GECELE, Michela; ROUBAL, Jan (eds.). *Gestalt therapy in clinical practice:* from psychopathology to the aesthetics of contact. Milan: Franco Angeli, 2013, p. 79-107.

WOLLANTS, Georges. *Gestalt:* Terapia de la situación. Santiago de Chile: Editorial Cuatro Vientos, 2015, p. 17.

3

Transtorno de adaptação e ajustamentos criativos

Saleth Salles Horta

A vida é uma longa viagem que nem sempre acontece de uma forma tranquila e feliz. Grandes surpresas podem ser portadoras de alegrias ou tristezas, provocando inúmeros desafios, a serem enfrentados sempre. Muitas "tempestades" e muitas "pedras" surgem pelos caminhos e impedem ou ameaçam o caminhar sereno. O ser humano é solicitado a fazer ajustes e adaptações em todo o percurso do seu existir.

O sofrimento psíquico torna-se inevitável com a vivência de lutos pelas perdas inesperadas: mortes de entes queridos, separações familiares, divórcio, aposentadoria, mudanças de estado ou país, catástrofes climáticas inesperadas, que destroem cidades, vidas, esperança. O transtorno de adaptação é a consequência inevitável. A continuidade do existir é sujeita a ajustes criativos, pela ocorrência de lutos vivenciados, muitas vezes em total isolamento, que podem levar ao adoecimento psíquico.

Como afirma Casellato (2020, p. 17): "As diferentes naturezas de lutos não são reconhecidas, portanto silenciadas". A autora fala sobre a dor silenciosa, quando não compartilhada, e sobre a dor silenciada, quando não reconhecida. Silêncio que acontece pela não validação das diferenças e que nega a dor dos enlutados.

É importante a afirmação de Casellato (2020), de que a vivência de luto não se restringe a perdas por morte. Qualquer perda provoca sofrimento. O luto é vivido de acordo com o significado para cada um. Percebe-se que são dolorosas a readaptação e a volta à rotina de vida daquela mãe que perdeu um filho, ou de um filho que perdeu a mãe. Mas a dor e o sofrimento são sofrimentos diferenciados, de cada um. É preciso entender que o impacto na vida da pessoa enlutada é pessoal, singular, proporcional ao significado e ao vínculo rompido, o qual pode provocar uma resposta diferenciada e individual. Assim, não se pode mensurar o tamanho da dor de cada um. Não se pode dizer que outras mães que perdem um filho passem por sofrimento igual. Também não se pode dizer que a pessoa que perdeu um filho sofre mais do que a outra que perdeu seu animal de estimação. Cada dor é ímpar e incomparável.

Em outra dimensão, pode-se considerar o luto pela dor vivida por uma mulher ao sofrer um aborto, principalmente quando a gravidez foi batalhada, desejada, buscada com ansiedade. Somente ela sabe o significado, portanto, somente ela pode dizer de seu sofrimento. Sua autoestima também é afetada. Ela se sente pior do que todas as outras mulheres mães, portanto, tem sentimento de derrota e fracasso. O transtorno de adaptação aí se estabelece, necessita elaboração, psicoterapia, até que essa mulher possa retomar a sua vida normal e fazer outros projetos.

Um acontecimento não raro de vivência de luto e desadaptação são os casos de traição entre os casais. A traição conjugal pode ser a maior causa de destruição de um casamento. Tanto o homem quanto a mulher, ao buscar a psicoterapia por estar vivendo traição pelo(a) parceiro(a), apresenta-se em crise, derrotado(a), com autoestima destruída. Em princípio, está em luto profundo, e a vivência da dor é insuportável. Mas, aos poucos, vai se retomando e pode se erguer novamente.

Algumas pessoas são capazes de ajustamentos criativos para a retomada do casamento. Repensar a relação, rever os pontos frágeis, reconhecer a "janela" que ficou aberta, dando oportunidade para a busca ou o acontecer de uma relação paralela. E, após longas reflexões, pode haver uma compreensão que permite a retomada do casamento.

Nesse momento da psicoterapia, é necessário muito cuidado para não influenciar o paciente em sua elaboração e consequente escolha/decisão de se ajustar e continuar o relacionamento. Evidentemente, é necessário vivenciar o luto, curar as feridas, retomar a autoestima e ter claro que precisa "se por" na relação. Se por é diferente de se impor. Significa ser ativo e se posicionar, mostrando-se e reconhecendo o seu valor pessoal, sem desvalorização de si mesmo. Depende de habilidade e de criatividade nesse ajustamento.

Por mais estranho que possa parecer ao psicoterapeuta, essa é uma questão de absoluta competência do casal, especialmente daquele que se apresenta como vítima da traição, portanto, enlutado. Jamais um profissional, o psicoterapeuta ou qualquer pessoa fora da relação, poderá decidir ou influenciar a vida de um casal, ou escolher pelos dois. Apenas acompanhar e abrir campo para esclarecimento, limpeza de mágoas e tomada de uma decisão.

O processo de luto é experimentado em várias dimensões e demanda um trabalho de ajustamento a uma nova realidade imposta pela perda, a qual provoca uma desorganização na vida de quem sofre. Casellato (2020, p. 26) chama de "mundo presumido" aquele mundo projetado e imaginado como seguro e previsível por todos os seres humanos. Segundo a autora, quando se sofre uma perda, é preciso formar uma nova concepção de mundo, após o sofrimento inicial impactante. E é aí que se inicia o processo de adaptação, mediante o desabamento desse mundo presumido e idealizado.

Difícil e penosa é a reconstrução de vida após uma perda catastrófica. Muitas vezes, a falta da presença de um ente querido provoca até o desejo de não viver, quando uma pessoa se vê forçada a reconstruir os rumos da vida, sem ter energia vital para isso. Somente com o tempo para elaboração, principalmente com um processo psicoterápico, pode-se conseguir um reajuste, como um ser para si e como ser no mundo. É comum ocorrer uma crise de identidade após uma perda dolorosa: "não me reconheço mais, não consigo frequentar os mesmos lugares, não me interesso pela vida, não sei quem sou agora". São expressões ditas por indivíduos que acabaram de sofrer uma perda impactante. São afirmativas frequentes de quem se encontra em desadaptação.

Em nossa cultura, a tristeza é percebida como negativa, ou até como doença. Assim, há pessoas que se isolam em si mesmas e fogem do mundo externo, por não se sentirem reconhecidas, compreendidas ou validadas na vivência da dor. Há perdas que não são bem aceitas socialmente. Como a falência. No meio social, a falência pode ser vivida como fracasso, podendo provocar, na família falida, o sentimento de vergonha e a sensação de não pertencimento. Além de uma inevitável desorganização de rotina, principalmente financeira, que muda totalmente o estilo de vida da família. Até as crianças se desestabilizam, ficam sem entender o que está acontecendo, por vezes sofrendo bullying e humilhação no ambiente escolar. Essa família precisa de readaptação e reconstrução da identidade pessoal e social. Há casos em que a pessoa falida sofre um verdadeiro desastre social, mediante a ocorrência de ameaças de credores. A integração da experiência dolorosa pode ser traumática, então, com perda de identidade social, marginalização e isolamento, que podem levar ao adoecimento psíquico.

Uma outra modalidade de luto que pode provocar grande sofrimento no ambiente familiar, mais especificamente nos pais, acontece quando um filho, seja ainda criança, adolescente ou adulto, se revela fora dos padrões heteronormativos. Como afirmam Almeida e Silva (2020, p. 67):

> A perda ambígua, muitas vezes, está presente em famílias com integrantes não heterossexuais ou cisgêneros. Com a quebra do mundo presumido, ou seja, a ruptura da imagem do ente pautada na heteronormatividade, descortina -se no cenário familiar uma pessoa que se manifesta de acordo com a sua verdadeira identidade de gênero e sexual. Não obstante, é comum que pais e mães necessitem vivenciar, de forma recorrente, uma morte simbólica de seus filhos, quando eles não correspondem a uma "imagem original" do filho projetado, na maioria das vezes, antes da gestação. Mediante o cenário de perda ambígua, é preciso atentar para o processo de luto experimentado de forma singular por cada membro da família.

Por outro lado, costuma ser com muito sofrimento, para um(a) filho(a), a revelação aos pais quanto ao seu modo de ser no mundo, não heteronormativo, fora do projeto presumido, tanto pelos pais quanto pela sociedade. Alguns têm dificuldade em se aceitarem, passam por uma fase conflitiva na tentativa de se adaptarem ao esperado para eles, forçando-se a se verem como heterossexuais. Sofrem, sentem-se inadequados, envergonhados e, não raramente, sentem vontade de morrer. Muitos precisam passar por um longo processo psicoterápico para conseguirem o alívio com a atitude de se revelar, se aceitar e, assim, se adaptar ao meio.

O transtorno de adaptação torna-se inevitável, também, na ocorrência de grandes transformações físicas. A percepção do corpo em mudanças, sobretudo a que acontece com os adolescentes, provoca desadaptação à identidade e traz grande repercussão para a formação de personalidade e autoestima. Outras mudanças físicas que podem provocar desadaptação são aquelas que ocorrem durante a gravidez, devido à alteração completa da forma corporal. Da mesma forma, a obesidade repentina, quando a pessoa adquire um peso excessivo, pode gerar sérios comprometimentos na autoestima, desencadear ansiedade aguda e até levar ao isolamento social.

Transtornos relevantes também acontecem quando se é vítima de um acidente que provoca lesões irreversíveis. Por exemplo, acidentes cardiovasculares ou acidentes físicos. Para a readaptação ao próprio corpo e ao como ser no mundo, nesse mundo que continua o mesmo para um ser que se transformou de um dia para o outro, é necessário um trabalho físico que é penoso, com orientação e assistência de vários profissionais que possam trabalhar, em conjunto, na busca pela estimulação das áreas atingidas para a retomada do funcionamento desse corpo, transformado acidentalmente.

Também podem ocorrer traumas em casos de doenças graves, que surpreendem as pessoas e as tornam inseguras, amedrontadas e impotentes. Por exemplo, ao receber o diagnóstico de câncer de mama que exige uma mastectomia parcial ou total, a mulher pode sentir-se sem chão e sem rumo. Após a cirurgia, muitas vezes percebe-se deformada – no corpo, na autoimagem e no próprio ser mulher –, o que impacta negativamente sua autoestima.

É importante salientar que esse transtorno costuma ser maior ao receber o diagnóstico, pois, nesse momento, ainda não é possível acessar a dimensão da doença, e a incerteza provoca desesperança e medo de morrer. O mundo parece desabar sobre a pessoa. Nesse ponto, é necessária a assistência psicológica para garantir a eficácia do tratamento físico, oncológico e clínico, que costuma ser pesado e desgastante para todo paciente. Além disso, diante de uma notícia que provoca desestabilização, é comum que a pessoa entre em um quadro depressivo, marcado por uma queda existencial.

Outra modalidade de desadaptação que requer ajuste acontece quando uma pessoa se aposenta. Principalmente quando ela não se prepara com antecedência. Aposentar-se não significa fechar-se no aposento. Simplesmente seria afastar-se do serviço ativo, por prazo cumprido ou por invalidez. Mas nem sempre é motivo para comemoração, alegria ou alívio. Repentinamente, o "não ter o que fazer" pode provocar um sentimento de vazio, inutilidade e falta de sentido.

Muito frequentemente encontramos pessoas que, após a aposentadoria, desenvolvem um vício, principalmente em bebida alcoólica. A falta do que fazer, o ócio ameaçador, pode levá-las a buscar o álcool ou outras drogas, tais como medicamentos controlados, que acabam levando-as a se tornarem dependentes. Infelizmente, o que deveria ser motivo de alegria pode ser motivo de adoecimento físico e/ou psíquico, o que pode, também, provocar um quadro depressivo.

São inúmeras as perdas a que o ser humano é submetido em sua existência, provocando sofrimento e afetando os rumos de sua vida. Tais desajustes são classificados como transtornos de adaptação[1].

Sempre aconteceram esses transtornos. Mas, desde o início da pandemia de Covid-19, em 2020, essa ocorrência se tornou assustadora. Famílias vivendo aglomeradas dentro de casa, enquanto outras pessoas passaram a viver em isolamento. Os consultórios dos psicólogos foram mais procurados por urgência e sofrimento do que para busca de crescimento pessoal. Sofrimento por solidão, por perdas irreparáveis, ou por dificuldades relacionais. Ou seja, desadaptação em todos os campos da existência. A psicoterapia tornou-se uma busca necessária para muitos. E a empatia e a compaixão, que vêm da compreensão, nunca foram tão essenciais.

São muitos os desadaptados que já chegam ao consultório com o seu diagnóstico, feito por eles mesmos, por meio de pesquisas. A ansiedade e o desespero os levam à busca de resposta para o desconforto que estão experimentando.

---

1 Transtornos de adaptação, definido pelo CID 10. F43.2: estado de sofrimento e de perturbação emocional subjetivos, que entravam usualmente o funcionamento e o desempenho sociais, ocorrendo no curso de um período de adaptação a uma mudança existencial importante ou a um acontecimento estressante. (Disponível em: https://telemedicinamorsch.com.br/blog/cid-f432?srsltid=AfmBOopFuLpVQgtD4mcBsKxFDFukRW5lh9Gvgy9L-WpYgcbOGahnX--t. Acesso em: 16 fev. 2025).

Na clínica psicoterápica, são frequentes os encaminhamentos feitos pelos médicos, planos de saúde e afins, que trazem um Código Internacional de Doenças (CID), como explicitação do quadro nosológico do paciente, o qual costuma trazer em mãos o encaminhamento, portanto, aberto e acessível. Certamente lê e pesquisa sobre o que acarreta esse pedido ou atestado. Tais encaminhamentos ficaram mais frequentes após a aprovação do ato médico[2], tanto aqueles vindos dos seguros de saúde quanto os de empresas e instituições públicas.

A partir do ato médico, todas as necessidades de saúde estão sob o "guarda-chuva" do diagnóstico nosológico privativo do médico. Assim, o psicólogo perdeu a autonomia na emissão de resultado diagnóstico, bem como de alguns documentos, como atestados e laudos, pedidos de autorização para tratamentos, os quais podem, sim, serem emitidos pelo psicólogo, mas ficam submetidos ao pedido e ao direcionamento de um médico. Esses documentos trazem a especificação do quadro por meio do CID, que ficou acessível ao paciente. Ele pesquisa e sabe qual é a sua "doença".

Qual foi a repercussão disso no contexto clínico psicoterápico? As abordagens fundamentadas em

---

2 "Ato Médico: em 10 de julho de 2013, aprovada a Lei número 12.842/13, que constitui num direito do cidadão saber as reais atribuições de cada profissional envolvido no cuidado da vida. A lei do ato médico estabelece as atribuições exclusivas do médico, define que cabe a eles a realização de diagnóstico, prescrição terapêutica e execução de todos os procedimentos médicos invasivos" (Disponível em: https://www.cremego.org.br. Acesso em: 16 fev. 2025).

fenomenologia, tais como a Gestalt-terapia, buscam a compreensão do Ser, e não somente o entendimento diagnóstico do paciente. Essa compreensão ocorre, em psicoterapia, num processo lento e profundo, com foco na pessoa, na sua história trazida e relatada passo a passo, uma viagem a dois pelo mundo ainda desconhecido para ambos, que vai sendo desvelado aos poucos.

Se o paciente, ao buscar a psicoterapia, já apresenta um rótulo, que é definido pelo CID e explicitado no encaminhamento, ele pesquisa como pode e começa o processo psicoterápico já no primeiro encontro, "sabendo" de si, explicando teoricamente o significado e qual é a sua "doença", com requintes de sintomas. Ao invés de adiantar, ele tem seu processo atrasado.

Mas o psicoterapeuta não deverá desqualificá-lo em sua atitude, nem tampouco impedir a sua exposição. Cabe a ele, o psicoterapeuta, oferecer uma escuta genuína, esperar que o paciente discorra sobre todas as informações, que foram por ele pesquisadas com total curiosidade e desejo de esclarecer sobre o que sente. Esgotado o painel teórico, quando consegue prosseguir em psicoterapia, o paciente irá gradativamente se aprofundando na dimensão do Ser. Esse pode ser um desvio no transcurso da viagem, que demanda mais tempo do que se gastaria se fosse iniciado um processo sem um diagnóstico. Além disso, o próprio fato de tomar conhecimento teórico do seu rótulo já pode provocar um quadro de desadaptação, com manifestações de ansiedade, ou aumentar sua resistência, levando ao abandono da psicoterapia.

Encontramos, no contexto existencial, pessoas "poliqueixosas", que somente conversam sobre seus sintomas. São fechadas para qualquer outro assunto que não seja doença. Nesses casos, o diagnóstico é elaborado pela própria pessoa, apresentando certeza absoluta sobre suas conclusões. Esse é um mundo quase inacessível para um psicoterapeuta que esteja procurando encontrar uma pessoa, e não um doente. Talvez seja um ajustamento criativo que foi desenvolvido pelo cliente, para se proteger do perigoso encontro consigo mesma.

Todas as pessoas desenvolvem formas próprias de sobrevivência quando surpreendidas por incômodos e desestabilizações. Diante de acontecimentos inesperados, o indivíduo é levado a buscar adaptações que exigem ajustamentos criativos, seja para não adoecer, seja para escapar do sofrimento. Incrivelmente, encontramos pessoas que acabam profundamente adoecidas como forma de se ajustarem ao meio familiar ou social. De maneira inconsciente, elas desenvolvem sintomas ou doenças para se adaptar e garantir a própria sobrevivência.

O que são ajustamentos criativos?

Segundo Ribeiro (2006, p. 64): "Ajustamento criativo é o processo pelo qual o corpo-pessoa, usando sua espontaneidade instintiva, encontra em si, no meio ambiente ou em ambos soluções disponíveis, às vezes aparentemente não claras, de se autorregular". Ajustar-se é um recurso que o ser humano sabe usar artisticamente, para resolver o impasse no qual se encontra em alguns momentos de sua vida. Ora, ele vive no campo corpo-pessoa. É um ser relacional, e é na relação que consegue se ajustar consigo e com os outros, para a sua própria sobrevivência.

Nem sempre o ajustamento é feito conscientemente. Por exemplo, se a pessoa está com sede, seu organismo se desestabiliza, e ela, automaticamente, procura água. É uma relação figura/fundo com o seu organismo. Se estiver atenta, perceberá sua movimentação interna natural e buscará recursos para se ajustar. Pode-se buscar fora o que o seu organismo precisa para ficar saudável. Perls, Hefferline e Goodman (1997, p. 236) denominam "ajustamento criativo espontâneo" essa busca natural de satisfação interna do organismo, para se equilibrar.

Podemos pressupor que as doenças físicas e psíquicas são formas de ajuste. Paradoxalmente, a partir da dor física ou emocional, o indivíduo está dando sinais daquilo de que precisa ou de quais respostas poderá dar, na busca pelo equilíbrio interno ou externo, para, assim, se ajustar. São processos naturais na luta pelo alcance da satisfação e adequação.

Ainda nas palavras de Ribeiro (2006, p. 65): "adoecer significa forçar o organismo a procurar nele ou fora dele, uma energia e uma tarefa que estão além de suas possibilidades". O autor afirma que o organismo sofre com a dor física e com a dor mental diante da sua incompetência para solucionar o problema. E diz: "Por isso, adoecer é estar em oposição a tarefa natural do organismo de se autorregular. Ajustar-se é instinto natural do organismo" (Ribeiro, 2006, p. 65).

A ajuda psicoterapêutica e medicamentosa é necessária quando o indivíduo já se encontra doente e não consegue mais se ajustar sozinho. A psicoterapia é essencial na busca do sentido de vida e na compreensão de si no movimento de readaptação. A sabedoria interna da pessoa a leva a buscar recursos, mesmo que seja no adoecimento, para se equilibrar. E a psicoterapia propicia a ressignificação, pela compreensão daquilo que busca para lhe fazer bem, mas que acaba por lhe fazer mal. Então, a confiança e a fé na sabedoria do ser são fundamentais nessa viagem em direção ao ser mesmo.

Assim, podemos acreditar que o ser humano é capaz de se ajustar, bem como o seu corpo, que é capaz de autorregulação espontânea. Seja usando seus próprios recursos, seja usando recursos externos. Afirma Cardella (2014, p. 108):

> A fé na existência de recursos, ou seja, a confiança na capacidade criativa do ser humano é, para a Gestalt-terapia, um elemento privilegiado do ethos, a morada humana, fundamental para o acontecer do ser humano.

Nesse sentido, complementa a afirmativa de Ribeiro (1998, p. 75):

> Acreditar nesse sábio interior de cada um é o nosso principal meio de realmente adquirir as condições indispensáveis para dar suporte ao outro, para que cresça (ou não cresça) de acordo com as suas necessidades e não de

acordo com as nossas intenções, teorias e/ou angústias.

Ou seja, a fé na sabedoria do ser humano norteia a nossa postura como Gestalt-terapeutas, para não decidirmos por nosso cliente, visto que podemos acreditar em sua possibilidade de tomar decisões e de fazer as suas escolhas e os ajustes necessários para o seu bem viver. É preciso sustentar a postura de espera e escuta genuína, mesmo quando percebemos que o paciente se encontra num desvio de percurso em relação a si mesmo, por vezes em um labirinto de informações confusas. Se acreditamos em sua sabedoria, ajudamos na compreensão e saberemos esperar. Ele certamente encontrará o caminho direto, sem curvas, para se compreender em suas relações consigo e com o mundo externo, na sua arte de viver.

A abordagem gestáltica concebe o homem como um ser relacional, um ser em relação consigo, com o outro, com o mundo. O ser humano não é como um animal que precisa ser domado, treinado, ensinado, condicionado. Ele é relacional. Na relação, é construído, ou pode ser adoecido e destruído. A proposta de uma psicoterapia relacional é ajudar a pessoa a se compreender como ser no mundo. Compreendendo-se, ela se ressignifica como pessoa e também como ser no mundo. E, nesse movimento, está sempre buscando sabiamente se ajustar, seja com os seus próprios recursos ou com recursos externos.

Como afirma Ribeiro (2006, p. 64): "O corpo-pessoa está permanentemente se autoajustando, criativamente". Ainda segundo o autor, "adoecer significa forçar o organismo a procurar nele ou fora dele uma energia e uma tarefa que estão além de suas possibilidades" (Ribeiro, 2006, p. 65). Aí está um paradoxo existencial, quando o ser humano encontra o adoecimento como a única forma possível de sobrevivência psíquica e física. Ou seja, a pessoa busca sua melhor forma de sobrevivência.

Nesse sentido, pode-se falar também de resiliência, que é a capacidade que o ser humano tem de suportar e reagir diante de grandes pressões. Quando não suporta uma grande pressão, ele adoece. É fundamental para um psicoterapeuta essa compreensão de como as pessoas se ajustam em acordo com suas necessidades, possibilidades e sabedoria interna.

O trabalho de um Gestalt-terapeuta com um paciente desajustado, desadaptado ou adoecido psiquicamente requer dele, do psicoterapeuta, uma postura diferenciada das demais abordagens, que consiste em olhar para a pessoa que adoece, e não para a doença ou para o doente. Consiste em buscar, a partir dessa abertura, por meio do diálogo, a história, o contexto, os pedaços de vida que trazem um todo adoecido. Requer desconstruir o rótulo, a imagem formada e o diagnóstico, para alcançar o Ser que ali está.

Como afirma Perls (1979), a função da terapia é transformar pessoas de papel em pessoas reais. Tornar presente a vivência desadaptada, para ajudá-la a se ajustar criativamente, na busca pelo ser verdadeiro. Para isso, é fundamental acreditar na pessoa e em sua condição de fazer escolhas.

Portanto, o psicoterapeuta precisa desenvolver a fé na sabedoria do ser humano. Confiar que, por mais estranha que pareça a escolha ou a decisão de seu paciente, internamente, ele tem a sua sabedoria. Ao psicoterapeuta compete ser presença, acolher, ajudar a abrir o campo fenomênico, escutar, esperar que o paciente se escute e se revele. E possa fazer as suas escolhas. Jamais decidir por ele.

Podemos entender, então, que o psicoterapeuta também faz ajustamentos criativos, quando trabalha consigo, percebe e compreende seus pontos comprometidos, seus sofrimentos e seu existir no mundo com os outros. Ele precisa se conhecer e se ajustar, ser capaz de ser para o outro ser. Desenvolver a sua fé no outro e na eficácia da proposta de trabalho clínico. E desenvolver, sobretudo, a segurança que precisa para estar ali para o outro ser.

> O atingimento do estado de autoconfiança e autoestima indispensáveis para o nosso sentimento de paz e de segurança que constitui o suporte existencial básico de que necessitamos para acompanhar o fluxo de eventos externos e internos, que incessantemente nos desafiam e podem nos desestabilizar (Ribeiro, 1998, p. 60).

Somente o paciente poderá reconhecer suas possibilidades e fazer suas escolhas. O psicoterapeuta é seu acompanhante e guardião, atento aos detalhes e às sutilezas que vão surgindo nas histórias contadas e revividas nesse contexto terapêutico. A psicoterapia é, então, uma viagem a dois, para o mundo desconhecido, buscado e construído pela pessoa que vem procurar, no psicoterapeuta, a ajuda que precisa. Mas a viagem é sua, e o caminho é seu. Ele quer apenas um ajudante de viagem.

Viagem a dois

Longa viagem
Escuridão
Um cego guiando outro cego
Mundo desconhecido
Pedaços de história
Cacos de vida
Imagem, rótulo.
Caminhando devagar
Continua a viagem.
Confiante
Espero
Você se desvela
na dor, no sofrimento
e se mostra.
Luz que ofusca a minha visão
Alegra meu coração
Agora te vejo humano
e verdadeiro.
Um lindo SER.

SALETH SALLES HORTA

Referências

ALMEIDA, Vinicius S. de; SILVA, Viviane D. O luto em famílias de indivíduos que fogem aos padrões heteronormativos. In: CASELLATO, Gabriela (org.). *Luto por perdas não legitimadas na atualidade*. São Paulo: Summus, 2020, p. 58-72.

CARDELLA, Beatriz H. P. Ajustamento criativo e hierarquia de valores ou necessidades. In: FRAZÃO, Lilian M.; FUKUMITSU, Karina O. *Gestalt-terapia:* fundamentos e práticas. São Paulo: Summus, 2014, p. 104-130.

CASELLATO, Gabriela. *Luto por perdas não legitimadas na atualidade*. São Paulo: Summus, 2020.

CREMEGO – CONSELHO REGIONAL DE MEDICINA DO ESTADO DE GOIÁS. *Ato Médico*. Disponível em: https://www.cremego.org.br. Acesso em: 16 fev. 2025.

PERLS, Frederick. *Escarafunchando Fritz:* dentro e fora da lata de lixo. São Paulo: Summus, 1979.

PERLS, Frederick; HEFFERLINE, Ralph; GOODMAN, Paul. *Gestalt-terapia*. São Paulo: Summus, 1997.

RIBEIRO, Walter F. da R. *Existência essência*. São Paulo: Summus, 1998.

RIBEIRO, Jorge P. *Vade-mécum de Gestalt-terapia*. São Paulo: Summus, 2006.

4

Três concepções de autismo na abordagem gestáltica[1]

Renato Tocantins Sampaio

Autismo, neurodiversidade e abordagem gestáltica

O autismo tem ganhado destaque na literatura científica, nas mídias e nas políticas públicas nas últimas décadas, porém, tanto no Brasil como em outros países, a concepção sobre autismo e as práticas terapêuticas e educacionais com a população autista ainda estão quase que completamente tomadas por uma perspectiva cognitivo-comportamental ou por uma perspectiva psicanalítica[2].

---

1 Este texto tem como base o trabalho de conclusão do curso de especialização em "Psicologia Clínica: Gestalt-terapia e Análise Existencial", cursado na Universidade Federal de Minas Gerais (UFMG), intitulado *Compreensões gestálticas sobre o autismo*: implicações para a prática clínica (Sampaio, 2021), no qual foi desenvolvida uma revisão integrativa de literatura que buscou compreender o autismo a partir de uma abordagem gestáltica.

2 Por exemplo, Schwartzman e Araujo (2011), Bosa *et al.* (2016) e Santos *et al.* (2020).

> Hoje, é possível encontrar pelo menos duas concepções que entendem o autismo de formas distintas: a) uma concepção com enfoque na etiologia orgânica, refratária às concepções do tratamento psicanalítico, com enfoque na reabilitação de comportamentos funcionais; e b) uma concepção que privilegia a interação organismo-ambiente e tem como enfoque a constituição do sujeito no autismo (Santos *et al.*, 2020, p. 325).

Mesmo com os autores utilizando a expressão "pelo menos duas concepções", a ênfase recai ou sobre a abordagem cognitiva-comportamental ou sobre a psicanalítica, reforçando, ainda, o dualismo reabilitação *versus* saúde mental, que também pode ser observado em vários documentos sobre a prática clínica, inclusive do Ministério da Saúde (Brasil. Ministério da Saúde, 2014, 2015). Desse modo, urge estabelecer uma compreensão sobre o autismo para além destas duas perspectivas (comportamental e psicanalítica), de modo a ampliar as formas de atendimento clínico e educacional a pessoas autistas, principalmente em uma perspectiva de base humanista-existencial.

Pessoas com características autísticas são retratadas na literatura médica e não médica pelo menos desde o século XVII (Rosenberg, 2011). Porém, a primeira descrição nosográfica[3] sobre autismo foi publicada em 1943 por Leo Kanner, no artigo "Autistic Disturbances

3 Descrição e explicação dos quadros patológicos.

of Affective Contact" (Kanner, 1943), que passa a ser denominada de Autismo Infantil (Lowenthal; Mercadante, 2009). Por sua vez, em 1944, Johann "Hans" Friedrich Karl Asperger descreve a Psicopatia Autística Infantil, que depois viria a ser conhecida como Síndrome de Asperger (Dias, 2015). Na década de 1970, principalmente a partir dos trabalhos de Lorna Wing e colaboradores (Wing, 1988; Wing; Gould, 1979, entre outros), foi consolidada a tríade autística, composta de alterações na interação social, na comunicação e no comportamento. A tríade autística passa, na década de 1980, a caracterizar o Espectro Autista, que engloba o Autismo Infantil (de Kanner) e a Síndrome de Asperger.

Na quinta edição do *Manual Diagnóstico e Estatístico de Saúde Mental* (DSM-5), da American Psychiatric Association (APA), o Transtorno do Espectro Autista (TEA) é considerado um transtorno do neurodesenvolvimento, com início precoce e curso crônico, não degenerativo, com impacto heterogêneo em várias áreas do desenvolvimento (American Psychiatric Association, 2014). No DSM-5, o TEA é caracterizado como:

> [...] déficits persistentes na comunicação social e na interação social em múltiplos contextos, incluindo déficits na reciprocidade social, em comportamentos não verbais de comunicação usados para interação social e em habilidades para desenvolver, manter e compreender relacionamentos. Além dos déficits na comunicação social, o diagnóstico

> do transtorno do espectro autista requer a presença de padrões restritos e repetitivos de comportamento, interesses ou atividades. Considerando que os sintomas mudam com o desenvolvimento, podendo ser mascarados por mecanismos compensatórios, os critérios diagnósticos podem ser preenchidos com base em informações retrospectivas, embora a apresentação atual deva causar prejuízo significativo (American Psychiatric Association, 2014, p. 31-32).

No DSM-5 (American Psychiatric Association, 2014), o TEA é apresentado com uma identidade nosográfica única, com níveis de gravidade de 1 a 3, sendo o nível 3 o mais comprometido e que necessita de apoio substancial por períodos de tempo mais extensos. A utilização do termo "transtorno do neurodesenvolvimento" implica na aceitação da premissa de que há um percurso de desenvolvimento humano típico e, também, percursos atípicos, em que são encontradas alterações ou desvios do percurso típico.

No final dos anos 1990, a socióloga australiana e autista Judy Singer cunha o termo "neurodiversidade" para designar uma condição humana diferente, neurodivergente, isto é, uma pessoa com sistema nervoso central com estrutura e funcionamento dissonantes daqueles do desenvolvimento típico (Ortega, 2008). O autismo, a dislexia, a hiperatividade e outras condições neuroatípicas, então, não deveriam ser mais consideradas doenças que precisam ser eliminadas ou condições que precisam ser consertadas, passando a designar modos diferentes de ser-no-mundo. Contudo, mesmo que a pessoa autista não seja mais considerada como uma pessoa doente, que necessariamente precisa ser tratada e curada, ela necessita de formas singulares de estimulações, de ensino e de processos terapêuticos que lhe auxiliem no processo de desenvolvimento a partir da compreensão e reconhecimento de seu modo específico de ser no mundo.

O conceito de "neurodiversidade" vem fomentar a discussão entre os Modelos Médico e Social de Deficiência[4], pendendo para este último e, assim, deixam um legado para a humanidade: a ruptura com um modelo normalizante (Silberman, 2015). No Modelo Social de Deficiência, a sociedade deve se esforçar ao máximo para eliminar as barreiras que são construídas diante das diferenças individuais a fim de estimular a pessoa a desenvolver suas potências e autonomia (Pickard, 2019). O Modelo Médico, por sua lógica de considerar as incapacidades da pessoa com deficiência como o grande dificultador de seu processo de desenvolvimento e ajustamento social – o problema é *da* e *na* pessoa –, conduz o foco de processos educacionais e terapêuticos a três propósitos: curar, corrigir e cuidar (Gabel; Connor, 2009). Há, aí, uma lógica política paternalista e opressora

4 No Brasil, a Lei Berenice Piana, de 2012, que criou a Política Nacional de Proteção dos Direitos da Pessoa com Transtorno do Espectro Autista (BRASIL. Lei Berenice Piana, 2012), equipara a pessoa autista a uma pessoa com deficiência para todos os efeitos legais, incluindo, dentre vários outros, abordagem educacional diferenciada em escolas de educação inclusiva e benefícios previdenciários, como o Benefício de Prestação Continuada (BPC), previsto na Lei Orgânica de Assistência Social (LOAS).

que coloca a pessoa com deficiência num lugar de não poder, no qual fica refém de ações capacitistas[5] de especialistas e cuidadores, perdendo sua capacidade de agência e protagonismo.

É possível considerar que o modelo social de deficiência e a neurodiversidade têm uma grande proximidade com o fundamento de ser humano na abordagem gestáltica, segundo a qual o ser humano deve ser compreendido em sua singularidade, bem como em sua relação com o mundo[6] (Perls; Hefferline; Goodman, 1997). Nela, são evitadas definições *a priori* baseadas no quadro nosográfico, lembrando que "cabe ao terapeuta cuidar do ser e ensiná-lo a cuidar de si e não somente tratar a doença" (Rehfeld, 2000, p. 2).

---

5 No campo de estudos denominado Estudos da Deficiência, o capacitismo é descrito como "uma atitude que diferencia e desvaloriza as pessoas com deficiência por meio da avaliação da capacidade corporal e/ou cognitiva" (Ivanovich; Gesser, 2020, p. 2). Embora não haja total consenso sobre quais são as atitudes que constituem práticas capacitistas, é reconhecida "a existência de uma corponormatividade compulsória, que parte da convicção e do desejo de corpos iguais como base para a igualdade, o que resulta em uma resistência a considerar vidas ontologicamente periféricas como formas distintas de ser humano, a menos que estas sejam acentuadamente desvalorizadas" (*ibidem*). De modo geral, podemos considerar que, quando um terapeuta, um cuidador ou um educador, baseado no Modelo Médico, busca *adequar* ou *corrigir* a forma de ser da pessoa autista, fazendo com que ela desenvolva habilidades e desempenhe comportamentos normalizados, isto é uma prática capacitista.

6 Perls *et al.* (1997, p. 43) afirmam, por exemplo, que "O organismo/ambiente humano naturalmente não é apenas físico, mas social. [...] não se podem considerar fatores históricos e culturais modificando ou complicando condições de uma situação biofísica mais simples, mas como intrínsecos à maneira pela qual todo problema se nos apresenta".

> Quando o psicoterapeuta assume uma postura receptiva e facilitadora da expressão dos modos de existir da pessoa do seu cliente, encorajando-o a perceber a diversidade do seu agir, do seu pensar e do seu sentir e a refletir sobre as novas perspectivas que se abrem, são criadas as condições necessárias para o crescimento pessoal. Trata-se da confirmação da totalidade da pessoa, atitude fundamental para que ela desenvolva um senso de segurança (autossuporte) e disponibilidade para relacionar-se. Ao contrário, quando a pessoa não experimenta a confirmação por parte daqueles que lhe são significativos, sua autoimagem e autoestima se enfraquecem e sua habilidade para entrar em relação fica comprometida (Cardoso, 2013, p. 33).

Destaca-se a importância da Teoria Organísmica de Kurt Goldstein, segundo a qual, pelo fato de o ser humano ser um organismo holisticamente guiado e funcionar segundo um processo autorregulador, os conceitos clássicos de saúde e de doença precisam ser abandonados em favor de uma concepção segundo a qual, de modo radical, não existiria um ser humano doente, mas sim uma relação homem-mundo em disfunção. A doença poderia ser concebida com uma tentativa de autorregulação que não está alcançando um modo funcional para resolver as demandas da pessoa em uma negociação com as condições existentes no meio (Lima, 2013). Como relata Jorge Ponciano Ribeiro (1997, p. 99):

> A tendência básica do organismo é empregar suas capacidades preservadas da melhor forma possível, daí a importância de não insistir ou permanecer compulsivamente tratando um sintoma, por meses a fio, esquecendo-se de procurar o lado luminoso e lidar com o positivo que existe em todas as pessoas.
> O sintoma, além de expressão de uma mudança na autoatualização, é uma diferenciação de compromisso, como tentativa de ajustamento a uma nova realidade.
> É a totalidade que adoece. O sintoma é apenas um grito de dor de uma região mais lesada. O processo de mudança segue a mesma lógica. É a totalidade que precisa ser mudada, porque é por ela que se percebe que o sintoma se estruturou.

Três modos de compreender o autismo na abordagem gestáltica

Em junho de 2021, foi realizada uma revisão integrativa de literatura, almejando reunir e sintetizar resultados de estudos e relatos de experiência sobre o autismo a partir de uma abordagem gestáltica. Na revisão integrativa, realiza-se uma busca sistemática de pesquisas relevantes que fornecerão uma síntese do estado do conhecimento de um determinado assunto, dando suporte para a tomada de decisão e a melhoria da prática. Além disso, a revisão integrativa pode apontar lacunas do conhecimento que precisam ser preenchidas com a realização de novos estudos (Mendes *et al.*, 2008).

Em junho de 2021, foi realizada uma busca no Portal de Periódicos da Coordenação de Aperfeiçoamento de Pessoal de Nível Superior (CAPES), com textos publicados nos últimos 10 anos, em qualquer base de dados, restringindo a revistas científicas revisadas por pares, com várias combinações de descritores em língua portuguesa e inglesa[7]. Foram selecionados textos em português, inglês, espanhol, italiano e francês que apresentassem uma compreensão do autismo a partir da Gestalt-terapia ou da Abordagem Gestáltica, bem como aqueles que abordassem o trabalho clínico e/ou educacional com pessoas com autismo fundamentado na Gestalt-terapia, na Gestalt-pedagogia ou em outras formas de atuação baseadas em uma perspectiva gestáltica. Nestas buscas, foram excluídos textos que desenvolviam trabalhos com uso de animais (cães, cavalos etc.) e textos que não estavam disponíveis para leitura completa por meio do Portal de Periódicos da CAPES. A busca inicial resultou em 1.318 entradas e, após uma filtragem inicial por meio da leitura dos títulos e dos resumos dos trabalhos, o número de textos foi reduzido para 67. Após a leitura destes 67 textos na íntegra, foi realizada uma segunda filtragem, utilizando os mesmos critérios de inclusão e exclusão, resultando em apenas dois artigos.

Num segundo momento, foram realizadas busca nas bases de dados Scientific Electronic Library *On-line*

7 Foram utilizados os seguintes pares de descritores: "autismo AND Gestalt"; "autista AND gestalt"; "autism AND gestalt"; "ASD AND gestalt"; "autism AND gestaltic"; "autistic AND gestalt"; e, "autism AND gestalt-therapy".

(SciELO) e Literatura Latino-Americana e do Caribe em Ciências da Saúde (LILACS), empregando os descritores "autismo AND gestalt", "autista AND gestalt", "autism AND gestalt" e "autistic AND gestalt", não obtendo nenhum resultado. Em busca na base de dados Periódicos Eletrônicos em Psicologia (PePsic), utilizando este mesmo conjunto de descritores e os critérios de inclusão e exclusão, foram encontrados cinco artigos.

A fim de ampliar a base bibliográfica e considerando que muitas revistas científicas da área de Gestalt poderiam não estar contempladas nas bases de dados do Portal CAPES e nas bases de dados da SciELO, da LILACS e da PePsic, foi realizada mais uma busca, sem limite de data, em sítios das seguintes revistas *on-line*: *IGT na Rede*, *Revista de Abordagem Gestáltica*, *Aw@re*, *British Gestalt Journal*, *Gestalt Journal of Australia and New Zealand* e *Gestalt Theory*. Inicialmente, foram encontrados 78 artigos que referenciam o autismo e, após a filtragem com a leitura na íntegra dos artigos e utilizando os critérios de inclusão e exclusão, foram incluídos sete artigos, todos encontrados na revista *IGT na Rede*.

Foi também realizada uma consulta no Google Acadêmico, com o objetivo de identificar outros artigos em periódicos, livros e capítulos que pudessem ser incluídos nesta revisão. Tal busca retornou mais de 2.000 entradas e, ao avaliar as primeiras 250 entradas por meio dos critérios de inclusão e exclusão, no entanto, apenas um texto foi adicionado. E, por último, por meio de buscas em livros próprios e consultas a colegas, foram encontrados também dois capítulos de livro, que também foram adicionados à revisão. Deste modo, ao final de todos estes processos de busca, retirando as duplicações, foram elencados 15 textos, sendo 13 artigos em revistas científicas e dois capítulos de livro.

Os 15 textos foram lidos em profundidade buscando o conceito de "autismo" que estaria por detrás dos relatos e das discussões teóricas, políticas ou clínicas. Os textos foram então divididos em três grupos: os que pressupõem uma alteração da função Id (Barros, 2014; Brandão, 2017; Müller-Granzotto; Müller-Granzotto, 2008; Quinhones; Quinhones, 2018); os que consideram uma alteração das funções de contato (Almeida; Alves, 2019; Baptista, 2019; Caruca; Lima, 2018; Marques *et al.*, 2019; Martins, 2015; Soares; Ferreira, 2018); e, os que compreendem o autismo a partir de uma perspectiva de campo (Demeterko; Somavilla, 2021; Morfini, 2020; Narzisi, 2016; Perrone *et al.*, 2020; Silva; Silva, 2018). Logicamente, esta divisão é puramente didática, tentando encontrar uma categorização dos trabalhos por semelhanças e diferenças, mas há uma grande relação entre estas três concepções, uma vez que não é possível separar a função Id (como parte do sistema *self*) do contato, que sempre ocorre em um campo.

Perls, Hefferline e Goodman (1997) afirmam que a experiência humana se dá na fronteira entre o organismo e o ambiente, sendo a experiência uma função desta fronteira. Na Abordagem Gestáltica, por sua base humanista-fenomenológico-existencial, não há um organismo separado do ambiente, pois a experiência é sempre na fronteira de contato entre o organismo e o ambiente. O contato é a realidade mais simples e primeira (Perls; Hefferline; Goodman, 1997). Contato é um processo de encontrar com o outro e no outro, no qual "[t]udo ocorre nos dois lados, não só na pessoa ou só no mundo, mas na pessoa-mundo" (Ribeiro, 2007, p. 44). O contato é elemento vital para o crescimento, sendo o meio para mudar a si mesmo e a experiência que se tem do mundo (Polster; Polster, 2001). A mudança é uma consequência inevitável do contato porque, ao apropriar-se do que é assimilável e rejeitar o que é inassimilável, a pessoa estará realizando um processo de mudança na sua forma de ser-no-mundo.

Perls, Hefferline e Goodman (1997) definem *self* como um sistema complexo de contatos que é necessário ao ajustamento do ser humano no campo. O *self* não é parte do organismo, mas sim uma função do campo. "Não se deve pensar o *self* como uma instituição fixada; ele existe onde quer que haja de fato uma interação na fronteira" (*ibidem*, p. 179). Ele é um processo abrangente e permanente do campo, de adaptação criadora que integra funções perceptivo-proprioceptivas, motores-musculares e necessidades orgânicas e, deste modo, o conceito de *self* se diferencia de ideais como "entidade fixa, instância intrapsíquica, núcleo, estrutura ou essência encapsulada dentro do organismo ou da personalidade" (Távora, 2007, p. 194).

O *self* emerge quando há contato e só permanece enquanto houver contato, orientando tal contato. Para Ribeiro (1997), contato e *self* mantêm uma relação de quase identidade epistemológica, uma vez que não se pode falar em um sem o outro, em termos de comportamento humano. No entanto, o conceito de contato é mais amplo que o de *self*, pois tudo o que existe é contato, mas nem tudo que existe é ou tem um *self*.

Segundo Perls, Hefferline e Goodman (1997, p. 184), há três aspectos do *self* envolvidos como etapas principais de um ajustamento criativo: as funções Id, Ego e Personalidade[8]:

> O Id é o fundo determinado que se dissolve em suas possibilidades, incluindo as excitações orgânicas e as situações passadas inacabadas que se tornam conscientes, o ambiente percebido de maneira vaga e os sentimentos incipientes que conectam o organismo e o ambiente. O Ego é a identificação progressiva com as possibilidades e a alienação destas, a limitação e a intensificação do contato em andamento, incluindo o comportamento motor, a agressão, a orientação e a manipulação. A Personalidade é a figura criada na qual o *self* se transforma e assimila ao organismo, unindo-a com os resultados de um crescimento anterior. Obviamente, tudo isso é somente o próprio processo de figura/fundo [...].

---

8 Para uma melhor e mais profunda compreensão dos conceitos de *self*, id, ego e personalidade, sugiro a leitura dos textos de Perls, Hefferline e Goodman (1997) e de Marcos e Rosane Müller-Granzotto (2007), além dos verbetes correspondentes a estes termos no *Dicionário de Gestalt-terapia* (D'Acri *et al.*, 2007).

Para Marcos Müller-Granzotto e Rosane Müller-Granzotto (2008), no prefácio da edição de 1945 de *Ego, Fome e Agressão*, Perls (2002) já apresentava uma hipótese de que "todo ajustamento é um fenômeno figura-fundo e que a 'psicopatologia' é tão somente um mal funcionamento deste fenômeno" (Müller-Granzotto; Müller-Granzotto, 2008, p. 4). Para tais autores, a psicose é um ajustamento no qual não são assimilados ou, se assimilados, não interagem entre si, levando a não se constituírem como fundo para novos contatos.

> [A]s novas experiências aconteceriam privadas de uma intencionalidade específica ou, conforme a linguagem própria da Gestalt-terapia, desprovidas de *awareness* sensorial. [...] O sistema *self* seria, então, acometido de uma espécie de *"rigidez (fixação)"* [...] tal como aquela observável nos comportamentos por vezes descritos pela psiquiatria (Müller-Granzotto; Müller-Granzotto, 2008, p. 9-10, termos em inglês foram colocados em itálico, grifos dos autores).

Para os Müller-Granzotto (2008), há três tipos de ajustamentos psicóticos: os de ausência de fundo, os de preenchimento de fundo e os de articulação de fundo. Principalmente na parte do espectro autista mais próxima ao Autismo Infantil (de Kanner), o autismo poderia ser compreendido como um ajustamento psicótico com ausência de fundo, no qual a função id se encontra severamente comprometida, pois uma falha na constituição da intersubjetividade primária impede a fixação do fundo assimilado. Por outro lado, mesmo nos casos de Síndrome de Asperger, as pessoas não conseguiriam agregar à produção cultural (verbal) um fundo emocional, havendo uma espécie de dissociação entre o vivido e compreendido cognitivamente e o sentido emocional.

Barros (2014, p. 220, grifos da autora) relata que:

> Entende-se que a gênese dos autismos está no momento em que o indivíduo se defende da demanda por excitamento, pois o fundo de vividos não se apresenta diante de determinadas demandas, principalmente àquelas correlacionadas com afeto propostas pelo meio social. Ou seja, a função de ato (que produz ajustamentos de isolamento) não encontra na função *id* excitamentos para responder ao demandante, e assim, tenta afastá-lo.

Outras características autísticas também seriam explicados por comprometimento da função Id[9], uma vez que não haveria a doação de excitamento pelas demandas

9 A partir dos estudos de Cintia Lavratti Brandão , Barros sugere que o comprometimento da função id poderia decorrer de "origem genética, consequências de uma má oxigenação do córtex cerebral no momento do parto, algum vírus que possa ultrapassar a barreira hematoencefálica, o uso abusivo de substâncias psicoativas, pela ausência ou presença ostensiva de um cuidador ou pela falta de um limitador no campo como parâmetro de criação de fronteira de inserção com o semelhante" (Barros, 2014, p. 216).

de afeto, fazendo com que o processo comunicacional com o outro fique também comprometido. Cabe ressaltar que, mesmo com o comprometimento da função Id, o *self* não para de funcionar e, frente às demandas da fronteira de contato, criando uma defesa para que a demanda de afeto seja afastada. Daí, para Barros (2014), decorreriam vários dos sinais e sintomas autísticos, dentre os quais podemos citar a falta de resposta e de interesse pelas pessoas, o contato visual exíguo, as expressões faciais empobrecidas, a dificuldade de iniciar ou manter uma conversa, os padrões restritos, repetitivos e estereotipados do comportamento, a obsessão por partes de objetos e a ausência de ações de imitação social apropriadas para a idade cronológica (em termos de desenvolvimento típico).

Numa aproximação ao autismo que começa a ampliar o olhar e a escuta clínica para além da perspectiva individual, Martins (2015) estima que as pessoas autistas teriam um "endurecimento" nas fronteiras de contato, isto é, teriam dificuldade para estabelecer relações satisfatórias com as pessoas e com o meio ambiente, em níveis variados, o que poderia levar a uma estagnação do seu potencial para o desenvolvimento. A partir da Teoria da Integração Sensorial, como descrita por Ayres (2005 cf. Martins, 2015), Martins descreve que pessoas autistas possuem dificuldades em filtrar os estímulos que recebem do ambiente externo, não conseguindo separar os estímulos principais de secundários naquele momento para que o sistema nervoso central possa processar e responder adequadamente a tais estímulos. Como resultado, as pessoas autistas sentem que não têm controle nem previsibilidade sobre o ambiente, levando-as a estabelecer comportamentos repetitivos e estereotipados como modo de lidar com a "enxurrada de estímulos". Ao fazer a mesma ação inúmeras vezes, a criança conseguiria focar em um estímulo mais estável e duradouro, conseguindo uma sensação de alívio sensorial e alcançando uma sensação de segurança e proteção[10].

As evitações dos estímulos externos devem ser consideradas como ajustamentos criativos feitos pelas pessoas autistas para se defender das ameaças vivenciadas. Porém, estes são ajustamentos criativos disfuncionais, pois prejudicam o contato com o mundo e a possibilidade de interação com outras pessoas, mas não deixam de ser ajustamentos criativos. Neste sentido, podem atuar mais como "mecanismos de defesa" e proteção, bloqueando desenvolvimento. Caruca e Lima (2018) discorrem sobre as alterações de contato[11] e como estes mecanismos de defesa podem ser observados em comportamentos de crianças autistas. Por exemplo, a autoagressividade poderia ser compreendida à luz da retroflexão.

---

10 Esta forma de conceber uma possível origem de sinais e sintomas autísticos é consistente com a corrente cognitiva de compreensão do autismo (Sampaio, 2021), que inclui, mas não se limita aos tratamentos cognitivos-comportamentais.

11 Confluência, introjeção, projeção, retroflexão e egotismo são mecanismos de defesa (alterações do contato) inicialmente apresentados em Perls, Hefferline e Goodman (1997). Posteriormente, outros autores descrevem outros mecanismos, tais como a deflexão e a proflexão. Cabe ressaltar que outros termos são também usados para nomear estes mecanismos de defesa, tais como bloqueios de contato (Ribeiro, 1997), distúrbios da fronteira de contato (Yontef, 1998), interrupções no ciclo *awareness*-excitação-contato (Zinker, 2007), dentre outros.

No terceiro grupo de textos, que compreende o autismo a partir, principalmente, da Teoria de Campo[12], isto é, numa abordagem mais relacional que individual, há uma aproximação com o conceito de "neurodiversidade", como um modo diferente de ser-no-mundo e que requer modos de relacionamento diferentes dos que seriam estabelecidos com uma criança neurotípica (com "desenvolvimento típico"). Sob tal perspectiva, Narzisi (2016) sugere que a falta de reconhecimento do estado afetivo do adulto pela criança autista leva o cuidador a modificar os ritmos de interação, reduzindo o compartilhamento emocional. Em outras palavras, ao não receber da criança uma resposta recíproca às suas ações, o cuidador diminui seus investimentos de contato em função da limitação da capacidade dialógica da criança. Trata-se de um ajustamento que, embora possa ser considerado criativo para aquela situação, mostra-se disfuncional a longo prazo, por não favorecer o suporte necessário ao desenvolvimento da criança.

Encontrar o outro na fronteira do contato implica estar em conexão com os sentidos e com a fisicalidade, abrindo-se à novidade do encontro e à sua imprevisibilidade. Porém, como mencionado anteriormente, a condição neurodiversa da pessoa

12 Devido ao escopo deste texto, não será possível discorrer sobre a Teoria de Campo e sua importância para a prática clínica na abordagem gestáltica. Para maior esclarecimento, recomendamos a leitura de Lewin (1973), Perls, Hefferline e Goodman (1997), Yontef (1998) e Ribeiro (1997), dentre outros.

autista a leva a realizar um encontro entre o organismo e o meio qualitativamente peculiar, devido à "diferença" (e não "resistência" ou "redução") na tendência dessa pessoa ao interesse e à assimilação do que advém do encontro.

> A função terapêutica baseada na abordagem fenomenológica/gestáltica necessita focar no "entre" relacional para que o outro ganhe consciência das diferenças que a pessoa com autismo tem em uma forma de realizar contato. Isto não somente ensina o outro a "estar com" a pessoa autista, mas também a buscar que a pessoa autista não perca seu modo particular de fazer contato com o ambiente, devido a uma incompreensão continuada gerada pela não inteligibilidade de seu modo de interação/ comportamento. O trabalho terapêutico neste nível implica em oferecer à relação entre organismo e ambiente a possibilidade de novas experiências na fronteira do contato. Se, na terapia, a atenção ao "entre" relacional for negligenciada em favor de programas terapêuticos, baseados na modificação de comportamentos patológicos, o risco se torna em fomentar o modo de contato organismo-ambiente "dessensibilizado" e assíncrono, com um inevitável impacto na qualidade do encontro (Narzisi, 2016, p. 237).

Implicações para a prática clínica

Na abordagem que considera o autismo como alteração da função Id, é sugerido que o terapeuta "possa colaborar para a ampliação do corpo daquele que se ajusta de maneira autista" (Müller-Granzotto, Müller-Granzotto, 2008, p. 14), isto é, para uma "ampliação da forma mais elementar da função de ego no autista" (*ibidem*, p. 14). Para Barros (2014), a intervenção clínica com pessoas autistas deveria se basear em identificar onde estão as demandas de afeto para o cliente (por exemplo, na rotina familiar, no trabalho, na escola e na própria relação terapêutica), a fim de tentar neutralizá-las para que ele não se isole.

> Cabe ao terapeuta entender que a partir disto, a pessoa tem mais chances de "responder" às demandas, porém não necessariamente de um fundo de vividos (afeto), mas adquirir uma linguagem pedagogicamente aprendida e adaptada à determinada situação, mas sem valor emocional. Os sujeitos autistas poderão adquirir informações, aprender expedientes sociais e exprimir valores e sentimentos (Barros, 2014, p. 222).

Brandão (2017, p. 150), por sua vez, descreve o que chama de itinerário de caminho de escuta e intervenção:

> [...] entrevistar repetidas vezes o sistema de cuidadores para um definição clara e explícita acerca das expectativas do

> processo psicoterapêutico; b) identificar as singularidades que permeiam os aspectos identitários da criança; c) respeitar o tempo e as possibilidades da criança, sem projetos; d) pensar as intervenções como ampliações do campo de possibilidades daquela criança, partindo de onde ela está para lugares que talvez ela queira/possa ir; e) identificar "pontes e senhas", o que entendo ser o caminho de acesso ao contato com a criança; f) incluir todo o sistema de atuação que se relaciona com a criança – familiares e técnicos; g) advogar veementemente na direção do esclarecimento do papel da medicação, reconhecendo a serviço de quem o médico está.

Em minha concepção, ao se referirem ao autismo como um tipo de ajustamento psicótico, Marcos e Rosane Müller-Granzotto (2008) parecem estar muito próximos da visão psicanalítica ao descreverem as dificuldades relacionais da criança autista. Parece, em alguns momentos de sua descrição do caso clínico, até haver uma compreensão de que não há emoção vivida pela pessoa autista. Ainda, apesar de não falarem em estrutura psicótica e defenderem uma postura fenomenológica, descrevem, a meu ver, uma abordagem muito próxima do Modelo Médico, que localiza a "incapacidade" na pessoa e acabam, do ponto de vista do atendimento, adotando uma postura um tanto quanto capacitista. O mesmo ocorre no texto de Barros (2014). Apesar de mencionar que o campo em que a pessoa está inserida tem relação direta com o modo como ela realiza ajustamentos, que poderiam gerar algumas condutas comumente encontradas em pessoas autistas, como embotamento afetivo, agressividade inespecífica (sem motivação aparente) e forma pueril de lidar com afetos e pensamentos, Barros (2014) discorre sobre os modos não saudáveis de ajustamento, muito delimitados à pessoa. Posteriormente, chega a afirmar:

> O clínico deve evitar ao máximo demandar algo ao cliente, sendo necessário não demonstrar ter esperanças de rendimento, expectativas para o crescimento do cliente, ou ao contrário disto, mostrar-se frustrado ou decepcionado quando algo no processo terapêutico não vai como planejado, e nem ao menos, comemorar quando há de fato algum avanço nos processos de aprendizagem. Isto pode ser escutado pelo autista como demandas por excitamentos, ou seja, causaria o afastamento e prejudicaria o processo de inclusão pedagógica.
>
> Até mesmo nos casos de autismo mais severo, como os de Kanner, observa-se uma boa aceitação no processo de inclusão pedagógica. Com estas intervenções, o terapeuta colabora para a ampliação da função de ato nos ajustamentos autistas, sendo assim, o autista responde a partir de algo que foi aprendido e produzido pedagogicamente na forma de linguagem, ao invés de responder às demandas com excitamentos que não se apresentam do fundo de vividos (Barros, 2014, p. 222).

É mister declarar que discordo completamente da postura adotada por Marcos e Rosane Müller-Granzotto (2008) e por Barros (2014), que, por muitas vezes, pode soar como muito atrelada a uma aprendizagem pedagógica de competências sociais, como as almejadas em abordagens comportamentais, como o Treatment and Education of Autistic and Related Communication Handicapped Children (TEACCH)[13], mesmo que, por exemplo, Barros mencione no trecho citado que se deve "evitar expectativas para o crescimento do cliente".

Em seu capítulo de livro, Brandão (2017) descreve o autismo a partir de uma alteração da função Id e relata um atendimento clínico no qual considera que, em muitas ocasiões, a criança não expressa suas emoções. Também discordo completamente de afirmações como esta, por considerar, como propõe Damásio (2000, 2012), que é impossível não se emocionar e não expressar emoções por meio dos comportamentos.

Em minha prática musicoterapêutica, não identifico uma carência de afeto nos clientes com quem trabalhei nestes quase 30 anos de prática, mas sim uma dificuldade

---

13 Treatment and Education of Autistic and Related Communication Handicapped Children (TEACCH) [Tratamento e Educação para Crianças Autistas e com Déficits Comunicacionais Relacionados]: método pedagógico terapêutico, criado na década de 1960 na Universidade da Carolina do Norte (EUA), que tem por base a Teoria Comportamental e a Psicolinguística e utiliza um programa estruturado de organização de estímulos ambientais, combinando diferentes materiais visuais, rotinas e sistema de trabalho para tentar tornar o ambiente mais compreensível e alcançar uma independência nas atividades de vida diária e de vida prática e no aprendizado acadêmico (Leon *et al.*, 2004).

em lidar com eles, em integrá-los na experiência sem ser avassalado por eles e, também, de expressá-los segundo padrões sociais predeterminados. Esta concepção é corroborada, por exemplo, por Klin, Rosário e Mercadante (2009), ao afirmar que, no autismo, não há uma falta de afetividade, mas sim uma limitação da expressão de afetos e uma limitação na discriminação de afetos mais complexos.

A partir da compreensão de autismo como alteração de contato, o terapeuta deve "trabalhar no sentido de ajudar a criança com funcionamento autista a tornar aquilo que está enrijecido e padronizado em flexível e fluido, possibilitando o contato e incentivando-a a tomar decisões para que aprenda a se perceber, diferenciando o que é e faz parte dela" (Soares; Ferreira, 2018, p. 85). É interessante notar que, em contraste com outros autores que sugerem que o processo terapêutico numa abordagem gestáltica com crianças deva ter um caráter não diretivo (por exemplo, Oaklander [1980]) ou semidiretivo (por exemplo, Aguiar [2005]), Soares e Ferreira (2018) reconhecem que, com crianças autistas, pode ser necessária uma abordagem mais diretiva, aproximando-se do que foi referido por Marcos e Rosane Müller-Granzotto (2008) como uma abordagem de caráter mais "pedagógico". Infelizmente, muito do que se falou/escreveu e ainda se fala/escreve sobre o atendimento em Gestalt-terapia poderia ser caracterizado como uma postura do modelo médico de deficiência e, às vezes, embebida de capacitismo. Pode ser que nem sempre isso ocorra na prática clínica, mas, no mínimo, parece ser assim no modo como se narra sobre a clínica.

Segundo Marques *et al.* (2019), Oaklander enfatiza a importância da congruência na relação terapêutica, demonstrando sentimentos verdadeiros para a criança e aceitando os seus sentimentos. Desse modo, a criança poderia voltar a se familiarizar com seus sentidos, com o seu corpo e com o que pode fazer com ele, aprendendo acerca de si mesma e de sua singularidade, ao invés de aprender por meio de julgamentos e de opiniões de outras pessoas. Especificamente com crianças autistas, Oaklander explica ser importante estar também em sintonia com o desejo naquele momento ao invés de insistir em algo que fora planejado. O terapeuta deve se colocar disponível para experimentar estar-com-a-criança, e, assim, compreendê-la. Oaklander sugere disponibilizar e/ou oferecer diversas atividades sensoriais, e observar sempre a linguagem corporal e a expressão facial como um meio de expressão de sentimentos da criança. Para a autora, é importante integrar o trabalho com a linguagem verbal a outras atividades, sendo o aspecto central do processo terapêutico a familiarização da criança consigo mesma (fomentar *awareness*), de modo a favorecer a autodescoberta e a melhora dos estados de humor, o que, por sua vez, resultaria em avanços comportamentais.

Para Narzisi (2016, p. 237-238), a contribuição da Gestalt-terapia ao atendimento à pessoa autista gira em torno de cinco eixos: ajustamento criativo; intencionalidade comunicativa; ser-com/sincronia da resposta parental às iniciativas da criança; campo fenomenológico; e fronteira de contato. Pensar as características autísticas como ajustamentos criativos pode modificar a concepção psicopatológica tradicional do clínico sobre a pessoa autista, uma vez que essas condutas serviram, e eventualmente ainda servem, à autorregulação organísmica dessa pessoa. Portanto, estes comportamentos não devem ser o alvo do trabalho terapêutico no sentido de modificá-los ou extingui-los, pois isto seria desestruturante para a pessoa. Ao invés disso, trabalhar na relação dialógica, buscando novos modos de contatar e de vivenciar o contato a partir das características neurodiversas particulares de cada pessoa, com o terapeuta presente e disponível a uma relação Eu-Tu, possibilitaria um encontro com o outro de modo a reavaliar e restabelecer a permeabilidade da fronteira de contato. Novas experiências e sentidos poderiam ser incorporados, enquanto outros permaneceriam inacessíveis.

Compreender sintoma como um ajustamento criativo pode favorecer terapeutas, professores, cuidadores e outras pessoas que interagem com a pessoa autista a lidar de modo diferente com tais comportamentos. Abandona-se a necessidade de extinguir ou modificar o comportamento para buscar compreender qual o seu sentido, isto é, para que ele serve, o que levou a criança à necessidade de se autoestimular, agredir, se distanciar etc. A condição se torna inteligível, pois os comportamentos, mesmo que de modo não explícito e racionalizado, denotam uma intenção comunicativa da criança em relação ao outro e/ou ao mundo. E isto somente é possível a partir do conhecimento sobre o contexto e sobre o modo de ser-no-mundo de cada criança e, mais ainda, do modo de ser-no-mundo dela naquele momento específico, naquele "aqui e agora". Por conseguinte, se aquela reação, aquele comportamento aconteceu naquele momento e naquele contexto, não é possível atribuir o comportamento somente à pessoa, pois ele é (e sempre será) fruto de um campo.

Considerações finais

Segundo Wheeler (2016), o desenvolvimento humano, numa perspectiva gestáltica, é o desdobramento de capacidades por meio de múltiplos domínios da vida, com um aumento da complexidade da experiência e da criatividade para resolução de problemas em áreas em que há um suporte afirmativo em nosso passado e em nossa vida atual (momento presente). Há uma polifonia de domínios, com algumas partes florescendo e outras, um pouco ou muito bloqueadas, impermeáveis a novas influências, o que leva a repetições, evitações e outros comportamentos que poderiam ser considerados ajustamentos criativos disfuncionais (Wheeler, 2016).

Colwyn Trevarthen e Stuart Daniel (*apud* Narzisi, 2016) relatam que há em pessoas autistas uma desorganização de interação sincrônica que dificulta o estar-com-o-outro e, principalmente, se mover com o outro no desenvolvimento da relação, por isso necessitam de repetição e de familiaridade para se organizarem. Estar-com-o-outro na fronteira de contato significa estar em conexão com os sentidos e a fisicalidade, em direção a uma novidade no encontro e uma imprevisibilidade. Assim, a tendência à mesmice (repetição) e à preferência por contingências perfeitas, entre outras características autísticas, podem tornar o encontro peculiar, devido à divergente (e não resistente ou reduzida) inclinação da pessoa autista para a assimilação da novidade advinda do encontro. Contudo, Spagnuolo Lobb (*apud* Narzisi, 2016) observa que são justamente os eventos desestabilizadores que podem exercer uma influência poderosa na geração de novas necessidades de ajustamento e na reexperienciação das fronteiras de contato.

O processo, então, não pode ser o de retirar aquilo que incomoda ou de dessensibilizar (numa perspectiva de pura mudança de comportamento). É preciso criar um ambiente acolhedor para que o incômodo e o sofrimento dele decorrente sejam aceitáveis e possam ser elaborados e incorporados pela pessoa autista à medida que ela vai desenvolvendo novos mecanismos para lidar com essas situações de imprevisibilidade, adquirindo, assim, maior flexibilidade para ser-no-mundo de um modo menos afetado negativamente pelas incertezas. Dois aspectos aqui são fundamentais: a atenção e o cuidado permanentes para não ultrapassar o limite do aceitável e uma postura mais simétrica em termos de relação e, portanto, não centrada em treinamento de habilidade ou de comportamento.

Quando o terapeuta se coloca nessa posição de disponibilidade para um encontro mais simétrico, poderá utilizar as experiências estéticas para se informar sobre o quanto o cliente autista está ou não confortável na relação. Do mesmo modo, assumindo uma postura menos pedagógica, diretiva e verticalizada, pode experimentar o estar-com-o-outro como uma espécie de brincar-com-o-outro.

Referências

AGUIAR, Luciana. *Gestalt-terapia com crianças*: teoria e prática. Campinas: Livro Pleno, 2005.

ALMEIDA, Tainá M.; ALVES, Priscila P. Intervenções dialógicas no trabalho com pessoas com transtorno do espectro autista. *Revista Valore*, v. 5, Edição Especial, p. 171-180, 2019.

AMERICAN PSYCHIATRIC ASSOCIATION. *Manual diagnóstico e estatístico de transtornos mentais DSM-5*. 5. ed. Porto Alegre: Artmed, 2014.

BAPTISTA, Márcia C. A música como facilitadora do processo grupal. *Revista IGT na Rede*, v. 16, n. 30, p. 111-134, 2019.

BARROS, Marina N. de. O psicoterapeuta invisível: reflexões sobre a prática gestáltica com ajustamentos autistas. *IGT na Rede*, v. 11, n. 20, p. 193-241, 2014.

BOSA, Cleonice A.; CZERMAINSKI, Fernanda R.; BRANDÃO, Lenisa. A relação entre funções executivas e a sintomatologia dos transtornos do espectro do autismo: caso clínico. In: SALLES, Jerusa F. de; HAASE, Vitor G.; MALLOY-DINIZ, Leandro F. (orgs.). *Neuropsicologia do desenvolvimento*: infância e adolescência. Porto Alegre: Artmed, 2016, p. 107-114.

BRANDÃO, Cintia L. Transtorno do espectro autista: um mundo visto através do caleidoscópio. In: FRAZÃO, Lilian M.; FUKUMITSU, Karina O. (orgs.). *Gestalt-*

terapia: quadros clínicos disfuncionais e Gestalt-terapia. São Paulo: Summus, 2017, p. 141-154.

BRASIL. Lei n. 12.764, de 27 de dezembro de 2012. Institui a Política Nacional de Proteção dos Direitos da Pessoa com Transtorno do Espectro Autista. (Lei Berenice Piana). Disponível em: http://www.planalto.gov.br/ccivil_03/_ato2011-2014/2012/lei/l12764.htm. Acesso em: 4 set. 2025.

BRASIL. Lei n. 13.977, de 8 de janeiro de 2020. Institui a Carteira de Identificação da Pessoa com Transtorno do Espectro Autista. (Lei Romeo Mion). Disponível em: http://www.planalto.gov.br/ccivil_03/_ato2019-2022/2020/lei/L13977.htm. Acesso em: 4 set. 2025.

BRASIL. Ministério da Saúde. *Diretrizes de atenção à reabilitação da pessoa com transtorno do espectro do autismo*. Brasília: Ministério da Saúde, 2014.

BRASIL. Ministério da Saúde. *Linha de cuidados para a atenção às pessoas com transtorno do espectro do autismo e suas famílias na rede de atenção psicossocial do SUS*. Brasília: Ministério da Saúde, 2015.

CARDOSO, Claudia L. A face existencial da Gestalt-terapia. In: FRAZÃO, Lilian M.; FUKUMITSU, Karina O. (orgs.). *Gestalt-terapia*: fundamentos epistemológicos e influências filosóficas. São Paulo: Summus, 2013, p. 30-38.

CARUCA, Antonia J. S.; LIMA, Deyseane M. A. Os desafios e possibilidades de socialização de crianças autistas na escola numa perspectiva gestáltica. *IGT na Rede*, v. 15, n. 29, p. 147-170, 2018.

D'ACRI, Gladys; LIMA, Patrícia; ORGLER, Sheila. *Dicionário de Gestalt-terapia*: "Gestaltês". São Paulo: Summus, 2007.

DAMÁSIO, António. *O mistério da consciência*: do corpo e das emoções ao conhecimento de si. São Paulo: Companhia das Letras, 2000.

DAMÁSIO, António. *O erro de Descartes*: emoção, razão e o cérebro humano. 3. ed. São Paulo: Companhia das Letras, 2012.

DEMETERKO Andréa M. B.; SOMAVILLA, Francisco C. Compreensões gestálticas e gestalpedagógicas sobre o autismo. *Revista do NUFEN*, v. 13, n. 1, p. 1-16, 2021.

DIAS, Sandra. Asperger e sua síndrome em 1944 e na atualidade. *Revista Latinoamericana de Psicopatologia Fundamental*, v. 18, n. 2, p. 307-313, 2015.

GABEL, Susan L.; CONNOR, David J. Theorizing disability: implications and applications for social justice in education. In: AYERS, William; QUINN, Therese; STOVALL, David (orgs.). *The handbook of social justice in education*. New York: Routledge, 2009, p. 377-399.

IVANOVICH, Ana C. F.; GESSER, Marivete. Disability and ableism: correction of bodies and production of (a)political persons. *Quaderns de Psicologia*, v. 22, n. 3, e1618, 2020.

KANNER, Leo. Autistic disturbances of affective contact. *Nervous Child*, v. 2, p. 217–250, 1943.

KLIN, Ami; ROSÁRIO, Maria C. do; MERCADANTE, Marcos T. Autismo, síndrome de Asperger e cérebro social. In: MERCADANTE, Marcos T.; ROSÁRIO, Maria C. do (orgs.). *Autismo e cérebro social.* São Paulo: Segmento Farma, 2009, p. 17-21.

LEÓN, Viviana *et al.* Propriedades psicométricas do Perfil Psicoeducacional Revisado: PEP-R. *Avaliação Psicológica*, v. 3, n. 1, p. 39-52, 2004.

LEWIN, Kurt. *Princípios de psicologia topológica.* São Paulo: Cultrix, 1973.

LIMA, Patrícia V. de A. A Gestalt-terapia holística, organísmica e ecológica. In: FRAZÃO, Lilian M.; FUKUMITSU, Karina O. (orgs.). *Gestalt-terapia: fundamentos epistemológicos e influências filosóficas.* São Paulo: Summus, 2013, p. 145-156.

LOWENTHAL, Rosane; MERCADANTE, Marcos T. Histórias e estórias. In: MERCADANTE, Marcos T.; ROSÁRIO, Maria C. do (orgs.). *Autismo e cérebro social.* São Paulo: Segmento Farma, 2009, p. 35-41.

MARQUES, Maria A. da N. *et al.* A Criança com Transtorno do Espectro Autista na Perspectiva da Gestalt-terapia: uma revisão integrativa. *IGT na Rede*, v. 16, n. 31, p. 158-172, 2019.

MARTINS, Márcio A. G. Um olhar gestáltico para as relações em famílias de crianças que têm autismo. *IGT na Rede*, v. 12, n. 23, p. 327-375, 2015.

MENDES, Karina D. S.; SILVEIRA, Renata C. de C. P.; GALVÃO, Cristina M. Revisão integrativa: método de pesquisa para a incorporação de evidências na saúde e na enfermagem. *Texto & contexto*: Enfermagem, v. 17, p. 758-764, 2008.

MORFINI, Flavia. Il disturbo autistico ad alto funzionamento: criteri per un modello integrato. *Phenomena Journal* – Giornale Internazionale di Psicopatologia, Neuroscienze e Psicoterapia, v. 2, n. 2, art. 2, 2020.

MÜLLER-GRANZOTTO, Marcos J.; MÜLLER-GRANZOTTO, Rosane L. *Fenomenologia e Gestalt-terapia*. São Paulo: Summus, 2007.

MÜLLER-GRANZOTTO, Marcos J.; MÜLLER-GRANZOTTO, Rosane L. Clínica dos ajustamentos psicóticos: uma proposta a partir da Gestalt-terapia. *IGT na Rede*, v. 5, n. 8, p. 3-25, 2008.

NARZISI, Antonio. Autism as a qualitatively different encounter between organism and environment at the contact boundary. In: LOBB, Margherita S.; LEVI, Nurith; WILLIAMS, Andrew (orgs.). *Gestalt therapy with children*: from epistemology to clinical practice. Siracusa: Istituto di Gestalt HCC Italy Publ. Co., 2016. p. 229-240.

OAKLANDER, Violet. *Descobrindo crianças*. 13. ed. São Paulo: Summus, 1980.

ORTEGA, Francisco. O sujeito cerebral e o movimento da neurodiversidade. *Mana*, v. 14, n. 2, p. 477-509, 2008.

PERLS, Frederick S.; HEFFERLINE, Ralph F.; GOODMAN, Paul. *Gestalt-terapia*. 2. ed. São Paulo: Summus, 1997.

PERRONE, Lorena V.; MAZZARA, Milena; CATANIA, Viviana. La valutazione psicologica: dal colloquio clinico alla stesura di un report diagnostico in chiave gestaltica integrata. *Phenomena Journal* – Giornale Internazionale di Psicopatologia, Neuroscienze e Psicoterapia, v. 2, n. 2, art. 2, 2020.

PICKARD, Beth. Valuing neurodiversity: a humanistic, non-normative model of music therapy exploring Rogers' person-centred approach with young adults with autism spectrum conditions. In: DUNN, Henry; COOMBES, Elizabeth; MACLEAN, Emma; MOTTRAM, Helen; NUGENT, Josie (orgs.). *Music therapy and autism across the lifespan*: a spectrum of approaches. London: Jessica Kingsley Publishers, 2019, p. 297–330.

POLSTER, Erving; POLSTER, Miriam. *Gestalt-terapia integrada*. São Paulo: Summus, 2001.

QUINHONES, Dionatans G.; QUINHONES, Paola de V. Gestalt-terapia e a clínica dos ajustamentos psicóticos. *IGT na Rede*, v. 15, n. 29, p. 190-214, 2018.

REHFELD, Ari. A prática clínica fenomenológico-existencial. *Revista de Gestalt*, v. 9, p. 59-62, 2000.

RIBEIRO, Jorge P. *O ciclo do contato*. 2. ed. São Paulo: Summus, 1997.

RIBEIRO, Jorge P. Ciclo do contato. In: D'ACRI, Gladys; LIMA, Patrícia; ORGLER, Sheila. *Dicionário de Gestalt-terapia*: "Gestaltês". São Paulo: Summus, 2007, p. 42–45.

ROSENBERG, Ryamond. História do autismo no mundo. In: SCHWARTZMAN, José S.; ARAUJO, Ceres A. de (orgs.). *Transtorno do espectro do autismo*. São Paulo: Memnon, 2011, p. 19-26.

SAMPAIO, Renato T. *Compreensões gestálticas sobre o autismo*: implicações para a prática clínica. Trabalho de Conclusão de Curso (Especialização em Psicologia Clínica: Gestalt-terapia e Análise Existencial) – Universidade Federal de Minas Gerais, Belo Horizonte, 2021.

SANTOS, Jéssica; MACHADO, Letícia V.; DOMINGUES, Eliane. Um olhar psicanalítico acerca do autismo: revisão bibliográfica. *Estilos da clínica*, v. 25, n. 2, p. 322-338, 2020.

SCHWARTZMAN, José S.; ARAUJO, Ceres A. de (orgs.). *Transtorno do espectro do autismo*. São Paulo: Memnon, 2011.

SILBERMAN, Steve. *Neurotribes*: the legacy of autism and the future of neurodiversity. New York: Penguin Publishing Group, 2015.

SILVA, Gilmara de A.; SILVA, Stéfane. A Gestaltpedagogia como uma estratégia de inclusão para as crianças autistas em escolas regulares. *Revista do NUFEN*, v. 10, n. 1, p. 217-234, 2018.

SOARES, Marcela N.; FERREIRA, Wanderlea N. B. O funcionamento autista sob a ótica da clínica gestáltica. *Revista do NUFEN*, v. 10, n. 2, p. 75-90, 2018.

TÁVORA, Cláudia B. Self. In: D'ACRI, Gladys; LIMA, Patrícia; ORGLER, Sheila. *Dicionário de Gestalt-terapia*: "Gestaltês". São Paulo: Summus, 2007, p. 193-195.

WHEELER, Gordon. Afterword. In: LOBB, Margherita S.; LEVI, Nurith; WILLIAMS, Andrew (eds.). *Gestalt therapy with children*: from epistemology to clinical practice. Siracusa: Istituto di Gestalt HCC Italy Publ. Co., 2016, p. 229-240.

WING, Lorna. The continuum of autistic characteristics. In: SCHOPLER, Eric; MESIBOV, Gary B. (orgs.). *Diagnosis and assessment in autism*. New York: Springer US, 1988. p. 91-110.

WING, Lorna; GOULD, Judith. Severe impairments of social interaction and associated abnormalities in children: epidemiology and classification. *Journal of Autism and Developmental Disorders*, v. 9, n. 1, p. 11-29, 1979.

YONTEF, Gary M. *Processo, diálogo e awareness*: ensaios em Gestalt-terapia. São Paulo: Summus, 1998.

ZINKER, Joseph C. *Processo criativo em Gestalt-terapia*. São Paulo: Summus, 2007.

5

A delicadeza da Clínica do Trauma em Gestalt-terapia

Maria Alice Queiroz de Brito (Lika Queiroz)

Refletir sobre esse tema e pensar sobre a relação do/da/de Gestalt-terapeuta e sua clientela nos remete às palavras de Beatriz Cardella (2023, p. 49-50), minha querida Bia:

> Duas curadoras feridas lá estavam em seu percurso humano, mirando horizontes, sustentando gestos no escuro, na esperança de encontrar a fonte e em companhia humana. Sustentavam o percurso humano, que é o Encontro. Fizemos do vazio e da aridez compartilhada, alguma coisa. Uma presença.

A delicadeza desse trabalho se inicia com o fato de que a pessoa que nos procura está profundamente ferida, violada, de alguma forma, em sua condição de existência, e chega até nós com a sua fragilidade, necessitando encontrar uma qualidade de presença que lhe acolha e valide; um encontro que viabilize o caminhar juntes, com suporte, o percurso doloroso que lhe feriu. Outro aspecto é que somos gente lidando com gente e, nesse mirar horizontes, há sempre o risco de que, em algum momento, a ferida do/da/de outro/a/e, ressoe, abra as nossas. Neste capítulo, desejo aprofundar esses dois aspectos.

Para falar sobre a clínica do trauma, faz-se mister entender o que é trauma para a Gestalt-terapia. Trauma são situações para as quais o/a/e indivíduo ou grupo não têm suporte interno necessário para integrá-las, consequentemente gerando interrupções de contato, situações inacabadas que vão ter um impacto não somente emocional, mas também fisiológico e cognitivo, interferindo nas relações de campo organismo/ambiente (Brito, 2018, 2019, 2020, 2021).

Trabalhar com situações de traumatização requer do Gestalt-terapeuta o conhecimento do impacto neurobiológico provocado pelo trauma e das perturbações no contato que isso pode provocar. Embora esse seja um vasto campo de estudo, trago, aqui, uma pequena introdução, que possa ajudar na compreensão do que possa estar acontecendo com quem nos procura, buscando uma ajuda. Essa pessoa, muitas vezes, encontra-se em um estado de sobreativação, de alerta constante, em que até mesmo a nossa presença pode funcionar como um gatilho, ativando sensações e sentimentos relacionados a uma experiência traumática.

Para nós, Gestalt-terapeutas, todo organismo vivo tem, por sua condição de existência, a capacidade de se autorregular, buscando a sua homeostase. Existimos em uma relação de campo organismo/ambiente, na qual não temos controle sobre todos os aspectos desse campo, portanto, estar no mundo é imprevisível. Partindo do pressuposto que a existência se dá no presente transiente concreto, no aqui-agora, o momento seguinte, por mais que o imaginemos a partir de dados óbvios, é da ordem do imponderável, um mistério, não podemos afirmar com certeza o que iremos encontrar – portanto, um constante desafio, mesmo que não nos demos conta. A experiência desse devir pode nos tirar do nosso equilíbrio; esse desafio pode ser ameaçador e, momentaneamente, nos desorganizar. No entanto, se temos suporte interno, nossos ajustamentos criativos nos levam à recuperação da nossa homeostase.

Neurofisiologicamente, esse processo pode ser descrito da seguinte forma: quando percebemos algo novo no campo, nosso sistema nervoso autônomo é ativado para detectar se esse novo é ameaçador ou não. Se esse novo é significado como algo com que não nos sentimos seguros/as/es para lidar no momento, podemos nos desestabilizar; as cargas emocionais geradas provocam alterações bioquímicas e impactos no sistema nervoso. Se dispomos de recursos internos, somos capazes de lidar com a situação com os mecanismos de autorregulação inerentes ao nosso organismo; a nossa homeostase é recuperada, não gerando gestalten abertas. Essas situações estão dentro do que neurofisiologicamente se chama "Emergência Segura" (Kepner, 1987; Brito, 2019, 2020) ou "Janela de Tolerância Afetiva" (Odgen; Minton; Paim, 2006).

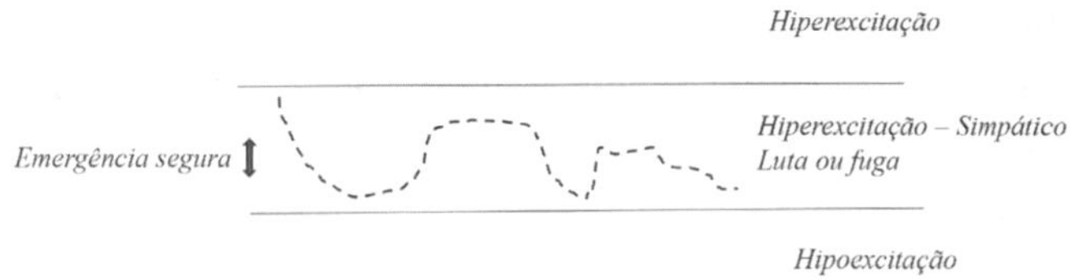

Quando não se tem suporte interno para lidar com a situação, esta se configura como um contexto de traumatização, pois os ajustamentos criativos neurológicos para a recuperação do estresse e a consequente homeostase são insuficientes, provocando uma sobreativação do sistema nervoso autônomo e impacto no sistema nervoso central, gerando respostas repetitivas de defesa, ou seja, uma fixação nos ajustamentos criativos de sobrevivência.

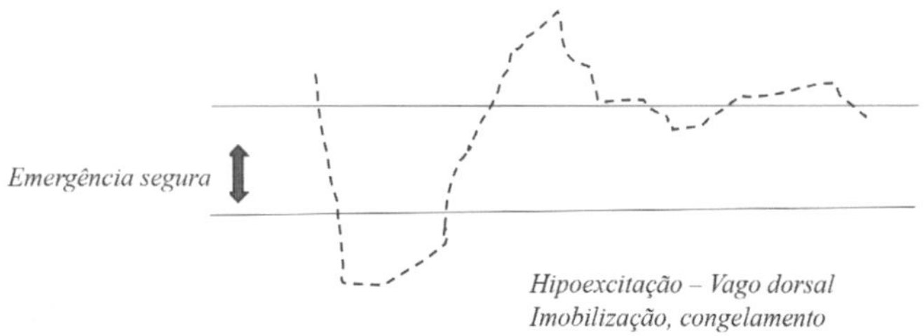

O Sistema Nervoso Autônomo se divide em Sistema Simpático e Parassimpático. O Sistema Nervoso Simpático nos prepara para a ação, sendo ativado quando o organismo está em estado de alerta, excitação ou engajado em uma atividade, promovendo o aumento do nosso metabolismo para que possamos lidar com os desafios externos. Quando há uma hiperexcitação do Sistema Nervoso Simpático, o organismo se mantém ativado para a resposta de luta ou fuga. Já o Sistema Nervoso Parassimpático é responsável por nosso sistema de conservação de energia, nos preparando para o repouso e o relaxamento, ajudando nosso organismo a se regenerar após experienciar uma situação de ameaça. O Sistema Nervoso Parassimpático se divide em Vago Ventral e Vago Dorsal: O Sistema Vago Ventral envolve circuitos neurais que conectam os músculos da face e pescoço ao cérebro, sendo responsável pela nossa expressão emocional, gestos faciais, pela comunicação vocal, ou seja, componentes do engajamento e comunicação social, trazendo também tranquilização. O Sistema Vago Dorsal é responsável pela hipoativação, levando à imobilidade do organismo. Frente a uma situação de ameaça que fuja da Janela de Emergência Segura, há uma hipoativação: a ativação do Simpático é bloqueada sem ser descarregada, e a pessoa pode ter uma reação de congelamento, uma fixação dorsal, podendo resultar em fadiga, letargia, depressão.

No que se refere ao impacto no nosso sistema nervoso central, a parte mais primitiva do nosso cérebro, o Reptiliano, responsável por nossa autopreservação, ataque e defesa, é mantido em um constante estado de ativação, gerando reações automáticas, impulsivas, com uma alternância entre hiperexcitação e retraimento. O Límbico, com uma função binária responsável por nossas respostas não apenas emocionais, mas também sensório-motoras, permanece sobreativado, fazendo com que as emoções continuem a desencadear reações defensivas de luta, fuga ou congelamento, mesmo quando na relação de campo organismo/ambiente não há mais razão para tal. O trauma também incapacita o Neocórtex, responsável pela nossa cognição, de comandar a atividade do Reptiliano e do Límbico, prejudicando o pensamento construtivo, a resolução racional de problemas e a flexibilidade da capacidade de adaptação. O impacto do trauma no córtex pré-frontal leva a pessoa a ficar obstinadamente presa às estratégias que não funcionam ou a não conseguir desenvolver uma sequência de ações que lhe seja correta.

A delicadeza no manejo se inicia no receber o/a/e cliente. O aqui-agora dessa pessoa está mergulhado pelo lá e então; a memória traumática está no corpo, a partir de como esse corpo respondeu ao evento estressor em um ou mais momentos de sua vida. Precisamos reconhecer sua condição neurobiológica e a limitação que isso possa nos criar como terapeutas. Que nível de ativação essa pessoa demonstra? Quais são os sinais de sua traumatização? O que seu corpo está me contando? A formação da memória narrativa do evento – como e quando ocorreu – está desorganizada? O relato do evento é fragmentado, trazendo ainda a sensação emocional e somática de que o evento não terminou. Há sinais de desorientação? Como estão seus ajustamentos criativos de orientação? Esse reconhecimento gradativo irá me dando clareza sobre o terreno no qual a nossa relação vai sendo construída. Como escreve Taylor (2014, p. 31):

> O foco no aqui-agora, o método fenomenológico e a abordagem experimental da Gestalt-terapia usualmente oferecem ao cliente

> um problema que não pode ser resolvido da forma habitual (Philippson, 2005, p.14) a fim de introduzir novas escolhas e possibilidades. Sem uma perspectiva neurobiológica, o campo de escolhas é estreito; trauma é simplesmente um problema que não pode ser solucionado. [...] Eles vêm para a terapia sem a conectividade neurológica para obter controle e fazer as mudanças que desejam[1].

Com essa consciência, a nossa primeira preocupação enquanto Gestalt-terapeutas é a construção do vínculo, essencial para fornecer uma base segura que facilite uma exploração protegida, permitindo que os conteúdos possam emergir sem retraumatizar a pessoa. A construção desse campo de segurança vai depender da nossa qualidade de presença, da abertura para o acolhimento e de uma atitude genuína de confirmação. Pesquisas do Heart Math Institute Research Center demonstraram que as células do nosso coração produzem 2,5 watts de energia a cada batimento cardíaco, com uma amplitude 40 a 60 vezes maior que as ondas cerebrais, criando um campo eletromagnético que irradia de 12 a 15 pés para fora do nosso corpo. Nosso coração dialoga com o nosso cérebro, selecionando a informação apropriada para a nossa experiência e traduzindo de volta a esse campo eletromagnético nossa resposta à realidade que estamos experienciando. As frequências eletromagnéticas

---

1 Tradução livre da autora.

do cérebro e do coração entram em uma ressonância sincrônica, ou padrão de ondas coerente, formando um padrão de campo eletromagnético chamado na Física de "thorus".

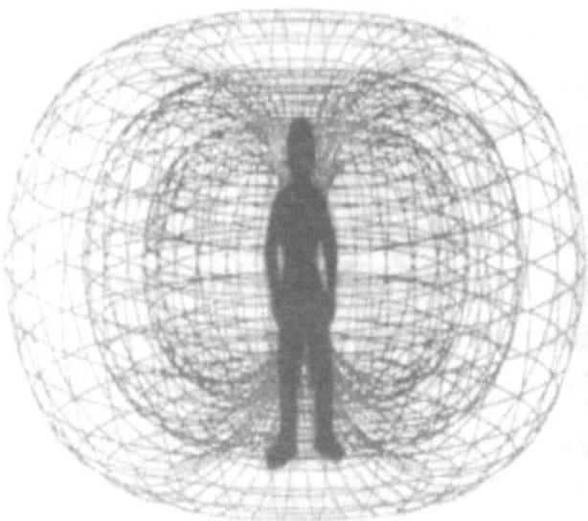

Isso nos mostra que, apenas com a nossa presença, estamos constantemente afetando e sendo afetados pelos/as/es que estão ao nosso redor – uma ressonância mútua presente o tempo todo no campo, estejamos ou não conscientes dessa afetação.

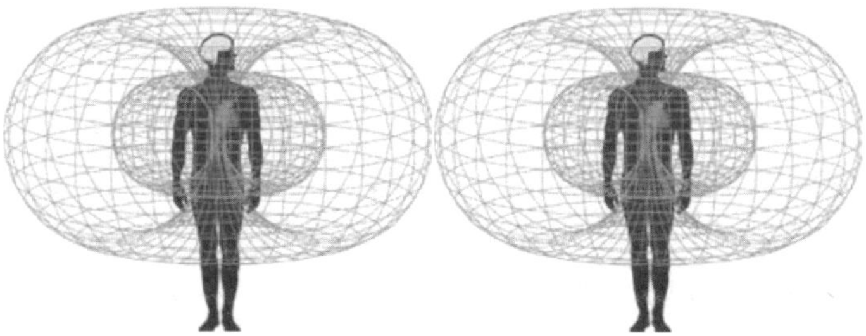

Ou seja, quando meu/minha cliente chega, antes mesmo que estejamos fisicamente próximos/próximas/próximes, nossos campos já estão se tocando. O que eu estiver experienciando nessa relação, mesmo que eu não me dê conta ou que aparentemente não esteja demonstrando, está sendo comunicado, e meu/minha cliente será afetado/a/e. Manter uma qualidade de presença genuinamente acolhedora e confirmadora exige que estejamos *aware* do que a minha presença está trazendo para o campo, e vice-versa, de como o campo está impactando a minha presença. Não podemos esquecer que a pessoa que chega até nós está profundamente machucada, e que uma pessoa traumatizada traz como figura uma hipervigilância para ameaças potenciais e sinais de segurança. Qualquer movimento, interno ou externo, por parte do terapeuta, é automaticamente sentido por ela, que irá reagir a essa percepção – é uma reação autonômica, inconsciente, ou seja, o self funcionando como Id.

A relação cliente/paciente/usuário-psicoterapeuta é, portanto, um processo contínuo de autorregulação e corregulação no campo. A Gestalt-terapia se define como uma terapia da relação, cuja originalidade reside exatamente na apropriação dessa coafetação, no perceber essa comunicação invisível que acontece entre o nosso corpo e o corpo do/a/e outro/a/e, no que atualmente vem sendo chamado de intercorporeidade: um conhecer intersubjetivo corporificado.

"Uma terapia efetiva do trauma tem que ir além de uma boa aliança de trabalho [...], nós necessitamos encontrar uma maneira de estarmos com" (Taylor, 2014, p. 36). Esse "estar com" implica em se entrar na relação a partir de uma posição de humildade. Não podemos nos esquecer de que o nosso papel como terapeutas é sermos um/uma/ume guia, apoiadores/as que, embora sejamos a pessoa que traz o conhecimento técnico, a estratégia especializada, não temos todas as respostas, e é o/a/e cliente que vai dar significado e sentido à sua experiência. Como colocam Woldt e Toman (2005, p. 19):

> Terapeutas devem estar dispostos a se permitirem serem tocados e atravessados pelo paciente... Estar presente também significa estar desejando ser ambos poderosos e sem poder... Mas em última análise o terapeuta não tem o poder para mudar o paciente, e algumas vezes a dor de querer fazer com que a vida do paciente melhore, mas não ter o poder para tal é intensamente sentida. O terapeuta que está presente traz essa dor para o encontro[2].

Somos nós que devemos, delicadamente, ir até onde e como o/a/e cliente está; assim, o caminho se torna disponível para que, aos poucos, ele/ela/elu possa dar seus passos em nossa direção.

Nossa presença deve funcionar como sustentação e garantia de forma, para que ele/ela/elu não se perca no terror esmagador do passado. Nosso papel é oportunizar ao/à cliente a compreensão de seus ajustamentos criativos, lhe oferecer recursos para a reorganização somática do seu "chão" experiencial, ou seja, novas formas de desenvolver suporte interno e reconstrução da própria base para o contato. Isso ocorre relacionalmente, por meio da nossa presença corporificada, como já

2 Tradução livre da autora.

mencionado, e funcionalmente, recursando ao/à/ao cliente por meio de experimentos. Quando me refiro a experimentos, a minha definição de experimento é qualquer atitude intencional do/a/e Gestalt-terapeuta, desde o intencionalmente não fazer nada, criando um espaço, um "vazio fértil" para que algo emerja, ou propor algo usando os vários recursos e linguagens que fazem parte da Gestalt-terapia.

Não podemos perder de vista que "a relação terapêutica, antes de ser um espaço de reparação, deve ser um espaço de reconstrução" (Delisle, 2011, p. 65). Compete a nós, Gestalt-terapeutas, identificar o aspecto da experiência traumática que o/a/e cliente tenha suporte para acessar e, junto com ele/ela/elu, ir dividindo essa experiência em doses manejáveis, tanto para o contato quanto para a liberação do comportamento interrompido e a descarga da excitação. É fundamental lembrar que a regra básica é o desenvolvimento do suporte interno do/da/de cliente, para que o conteúdo possa emergir como figura, sem retraumatizar.

> É necessário encontrar maneiras de afrouxar as gestalts fixas no trauma sem causar danos. Quando o cérebro da pessoa não pode suportar diferentes formas de ser, o risco de deterioração aumenta se falhamos em cuidar da criação das condições certas dentro do corpo/mente para o surgimento da novidade (Taylor, 2014, p. 32)[3].

3 Tradução livre da autora.

Além do cuidado com o nível de suporte interno do/da/de cliente a cada momento, o nosso trabalho vai se sustentar em um tripé: aumentar o apoio relacional, manter a esperança e exercitar a corregulação. A existência se dá em uma relação de campo organismo/ambiente, e é nessa relação que as situações traumatizantes acontecem, perpetradas por indivíduos em determinados contextos. Uma das grandes consequências do trauma é o impacto que ele provoca na vida relacional da pessoa, que passa a apresentar uma hipersensibilidade a pequenas mudanças no ambiente. Nessa condição, qualquer estímulo pode funcionar como um gatilho, ativando reações de defesa inadequadas ou desproporcionais à realidade. O "lá e então" passa a ser vivenciado no "aqui-agora".

A pessoa traumatizada tende a funcionar a partir das introjeções negativas em relação ao vivido, impactando no modo de funcionamento do self como personalidade: nunca vão ser felizes ou seguras, sentimentos de menos-valia, que são inúteis, sem valor e se orientam para situações e estímulos que confirmam essas crenças. Aumentar o apoio relacional começa com a confiança construída na relação conosco, para que possa ser gradualmente ampliada para outras pessoas, inclusive com o desenvolvimento da habilidade de discriminar e avaliar pessoas e situações que possam indicar perigo em determinados contextos e não em outros – uma capacidade que ficou comprometida com a traumatização.

Outro aspecto é que a pessoa traumatizada perdeu a esperança de que seu sofrimento possa melhorar. Ela precisa sentir que não está mais sozinha nessa travessia, saber que, embora sua história passada não desapareça, não irá mais se desorganizar com a lembrança e poderá retomar a sua vida do ponto em que foi interrompida. Finalmente, com a consciência da intercorporeidade, nós, terapeutas, podemos ajudar o/a/e cliente a se autorregular neurologicamente e emocionalmente, a desenvolver uma base mais segura nos regulando corporalmente. Isso se chama corregulação.

Para recursarmos o/a/e cliente, além do cuidado já discutido com a construção do vínculo, é importante que, no início do contato, já possamos mapear quais são as coisas ou lugares que lhe geram segurança e conforto. Geralmente, as abordagens que trabalham com trauma buscam elementos que trazem segurança para a pessoa acompanhada, mas a minha experiência de mais de trinta anos trabalhando com a traumatização me mostrou que nem tudo o que traz segurança é confortável, e vice-versa. Por isso, trabalho com esses dois elementos; essa "dobradinha" é fundamental para desativar a pessoa quando começa a apresentar sinais de ativação. Outro experimento que sempre uso é a construção do lugar seguro. Para isso, uso os recursos da fantasia, desenho, massa de modelar, caixa de areia, o que seja mais confortável para a pessoa no momento.

Todo o tempo vamos estar atentes às microalterações da linguagem corporal do/da/de cliente: onde está interrompendo o fluxo da excitação no corpo, como está sua respiração, seu enraizamento, seu autossuporte. A Gestalt-terapia trabalha com o método fenomenológico, portanto, não interpretamos – trabalhamos com a descrição, o que nos leva a estarmos sempre buscando o óbvio. Vamos escutar os sintomas, as palavras-chave trazidas pelo/a/e cliente, sempre perguntando sobre sua experiência, buscando o significado que atribui a elas e observando suas reações.

Vários experimentos são de grande ajuda: recursos somáticos, como os trabalhos com a respiração, de enraizamento ou aterramento, contínuo de *awareness*, comportamento direcionado facilitando a expressão de emoções e ações retrofletidas, viagens de fantasia, metáforas, delimitação e expansão da fronteira de contato, identificação e ressignificação de introjetos distorcidos e pouco realistas resultantes das experiências traumáticas, sempre lembrando da gradação, e estando atentes ao nível de suporte interno na aplicação desses experimentos. A Gestalt aberta precisa ser fechada, mas a solução deve ser a que faça sentido para o/a/e cliente, a que se tenha suporte interno para tal e que seja relevante para a idade em que o trauma ocorreu. O importante é que, gradativamente, possamos levar nossos/as/es clientes, com o apoio dos recursos encontrados, a integrarem uma situação que ficaria emocional e somaticamente inacabada.

Outro aspecto a ser considerado é que, na nossa perspectiva, como Gestalt-terapeutas, o trauma é um fenômeno do campo. De uma perspectiva de campo, cada indivíduo ou coletivo é parte de um campo social, cultural, histórico, geográfico, transgeracional. Por conseguinte, não podemos lidar com o trauma sem considerar as forças sociais e culturais presentes no campo – um campo comum de estruturas situacionais como classe, gênero, raça, ondas de opressão e desumanização no campo fruto do colonialismo –, que estão todo o tempo presentes como parte do que chamamos de Id da situação. Em vista disso, para se compreender a experiência traumática, devemos considerar o trauma como um trauma social, com raízes em todos os campos acima citados, cuja consequência irá impactar não apenas a vida da pessoa que o vivenciou, mas também, direta ou indiretamente, os grupos a que essa pessoa pertence. Sendo assim, não podemos ignorar que existe uma dimensão relacional e existencial no trauma. Precisamos, portanto, realizar uma mudança de perspectiva: sair de um foco centrado exclusivamente nos aspectos históricos e neurobiológicos e adotar uma abordagem mais ampla, que inclua essas outras dimensões presentes no campo.

Não podemos deixar de considerar que também estamos imbricados/as/es no mesmo campo cultural que contribuiu e contribui para as interrupções de contato de grande parte da nossa clientela. Como, então, não nos questionarmos sobre como esses aspectos do campo que trouxeram sofrimento estão ressoando em nosso próprio campo, como um chão invisível a partir do qual podemos estar reagindo, sem sequer nos darmos conta? Afinal, somos gente cuidando de gente; é inevitável que, em algum momento, nos sintamos afetados pelo que nossos/as/es clientes trazem, que nossas próprias feridas sejam escancaradas. Precisamos, portanto, até por uma questão ética, estar atentos/as/es a esse campo de coafetação, para que a nossa intervenção venha, não a partir das minhas afetações, mas sim da real necessidade do/da/de cliente.

Trabalhar com a traumatização é estar disposto/a/e a ser tocado/a/e, atravessado/a/e, transformado/a/e; é confrontar-se muitas vezes com a própria impotência frente a situações que não se tem o poder de mudar; é adentrar um caminho sem se ter a real noção dos desafios que essa escolha irá trazer, mas com a consciência de que

> [o] extraordinário está precisamente ali, entre os bastidores do ordinário, na espera de uma força inspiradora que consiga libertá-lo. [...] Nada é tão grande ou tão pequeno que não possa ser incluído [...], nesse momento os detalhes trazem uma nova luz sobre o que está acontecendo: começou uma grande aventura (Polster, 1987, p. 24-26).

Iniciei este meu capítulo com a querida Bia Cardella, e com ela gostaria de finalizar:

> Em Gestalt-terapia, o terapeuta é o seu próprio instrumento. Precisa conscientizar-se dessas forças presentes em seu modo de ser, apropriando-se de um saber e ofício e paradoxalmente integrando a consciência de principiante diante do Mistério do outro em si, diante de si e para além de si (Cardella, 2023, p. 200-201).

Referências

BRITO, Maria A. O trauma segundo o enfoque da Gestalt-terapia. In: FRAZÃO, Lilian M.; FUKUMITSU, Karina O. (orgs.). *Enfrentando crises e fechando gestalten*. São Paulo: Summus, 2020, p. 11-26.

BRITO, Maria A. Um olhar da Gestalt-terapia em situações de emergências e desastres. In: CARDOSO, Claudia L.; GIOVANETTI, José P. (orgs.). *Sofrimento humano e cuidado terapêutico:* Artesã. [S.l.]: [s.n.], 2019, p. 129-147.

CARDELLA, Beatriz H. P. *O curador ferido e a clínica contemporânea*. [S.l.]: Gráfica Foca, 2023.

DELISLE, Gilles. *Personality pathology*: developmental perspectives. London: Karnac, 2011.

KEPNER, James I. *Body process*: a Gestalt approach to working with the body in psychotherapy. Cleveland: Gestalt Institute of Cleveland Press, 1987.

NÚÑEZ, Elba F. *La experiencia en Gestalt*: Jean-Marie Delacroix, Carmen Vázquez, Jean-Marie Robine, Ruella Frank. Mexico: Editorial Pax Mexico, 2018.

OGDEN, Pat; MINTON, Kekuni; PAIN, Clare. *Trauma and the body:* a sensorimotor approach to psychotherapy. New York: W. W. Norton, 2006.

PHILIPPSON, Peter. Paradox: strategic, naive and Gestalt. *International Gestalt Journal*, New York: v. 28, n. 2, p. 9-17, 2005.

POLSTER, Erving. *Cada vida merece ser uma novela.* Montevidéu: Imprenta FARESO, 1987.

TAYLOR, Miriam. *Trauma therapy and clinical practice*: neuroscience, Gestalt and the body. Maidenhead: Open University Press, 2014.

WOLDT, Ansel L.; TOMAN, Sarah M. *Gestalt therapy*: history, theory and practice. Thousand Oaks: Sage, 2005.

Acolhendo o sofrimento: a clínica gestáltica no acompanhamento do luto

Celana Cardoso Andrade

Neste capítulo, exploraremos a abordagem da Gestaltterapia no acompanhamento de pessoas em processo de luto, enfatizando uma postura inclusiva e humanizada. Acolher o sofrimento como parte inerente da experiência humana – e não como um desvio a ser corrigido – é ponto de partida fundamental. O terapeuta gestáltico não "leva" o paciente para longe da dor; ao contrário, caminha ao lado dele, ajudando-o a perceber, nomear e integrar o impacto da perda no seu campo de vida (Perls; Hefferline; Goodman, 1997). Para tanto, é importante acompanhar e respeitar o modo de atravessamento da dor, a fim de facilitar essa travessia.

Refletir sobre a clínica do luto é imprescindível porque as perdas atravessam o cotidiano de nossos pacientes em múltiplas escalas. Pequenas frustrações e rupturas de rotina convivem, muitas vezes, com perdas devastadoras que mudam todo o horizonte de sentido. Mesmo eventos aparentemente insignificantes podem evocar um sofrimento intenso se tocarem em experiências anteriores ou fragilidades atuais (Bianchi; Camps, 2020); ou seja, qualquer dor é dor, e pode manifestar-se de maneiras intensas e exigentes. Legitimar cada dor – sem hierarquizála – **é ato ético e clínico.**

Na contemporaneidade, essa legitimação torna-se ainda mais necessária. A sociedade da performance e do "tempo real" impõe velocidade à elaboração da perda, compactando rituais de despedida e silenciando manifestações emocionais profundas (Cardella, 2017). A "negação do trágico" e a busca incessante por felicidade descritas na literatura recente criam pouco espaço psíquico para o luto, o que pode favorecer quadros de luto complicado ou prolongado. O clínico gestáltico, então, precisa sustentar um contrafluxo: um tempo ampliado de experiência, em que a dor possa ganhar corpo, voz e sentido.

Na prática, o terapeuta gestáltico cria um espaço seguro no qual o paciente possa expressar seu sofrimento de forma legítima: chorar, silenciarse, revoltarse ou agradecer quando necessário. Essa presença genuína sustenta a autorregulação organísmica, permitindo que emoções e necessidades emergentes encontrem formas criativas de expressão (Camps, 2022). Com base no ciclo de contato, o profissional identifica bloqueios como introjeções do tipo "tenho que ser forte", deflexões humorísticas como "só me falta agora ganhar na loteria para compensar tanta coisa acontecendo ao mesmo tempo", confluências familiares como "estamos todos muito bem, afinal ele estava sofrendo muito", entre outros, e facilita o fluxo de assimilação e ajustamentos criativos no luto.

Para enriquecer essa leitura, é útil considerar o "Modelo do Processo Dual", que descreve uma oscilação natural entre duas orientações: para a perda (confronto com a dor) e para a restauração (reorganização da vida sem a pessoa falecida) (Stroebe; Schut, 1999). A Gestalt-terapia, com seu foco no contato fluido e na *awareness*, sustenta precisamente esse movimento pendular: ora mergulhando no afeto doloroso, ora explorando experiências restaurativas. Quando uma dessas polaridades domina rigidamente, surgem os riscos do luto complicado.

Trabalhar com alguém em sofrimento não é fácil. Não é confortável para ninguém, nem mesmo para o terapeuta, permanecer na dor. A dor do outro pode invadir nossa própria experiência, gerando sentimentos de impotência e desconforto. No entanto, o processo terapêutico exige mais do que uma busca imediata por soluções. Receber alguém em uma dor devastadora nos convoca a nos entregarmos à experiência junto ao paciente, enfrentando a dor de maneira autêntica e sem precipitações. Isso significa estar disposto a ficar ao lado do paciente no abismo, sem antecipar qualquer passo, mesmo quando a vontade do terapeuta é aliviar ou interromper o sofrimento o mais rápido possível. Se não permitirmos que o paciente viva plenamente sua dor, ele perde a oportunidade de processá-la de maneira organizada e criativa, comprometendo o processo de transformação. Nosso papel é sustentar o espaço no qual essa dor pode ser explorada, compreendida e, eventualmente, transformada.

A Gestalt-terapia compreende o luto como uma experiência de intenso *desbalanço* no organismo-ambiente, que convoca a autorregulação no campo para restaurar um novo equilíbrio. A *awareness* – definida como a capacidade de a pessoa integrar e estar vigilante ao evento mais relevante do campo; é olhar para o próprio olhar – permite que o enlutado perceba, momento a momento, as próprias necessidades e limites, transformando-se junto ao ambiente. Nessa perspectiva, cada contato com a ausência se torna também um contato com potencialidades inexploradas, ativando o ajustamento criativo.

Sustentar esse espaço implica mais do que escuta: exige uma presença sensível, disponível e afinada com o ritmo interno do outro. É uma escuta que não se apressa, não interrompe nem tenta moldar a experiência para que ela caiba em formas previsíveis de elaboração. A clínica gestáltica nos convida a confiar na sabedoria do organismo, que, quando acolhido em sua inteireza, encontra caminhos próprios para reorganizar-se diante da perda. Nesse contexto, o terapeuta se torna um companheiro de travessia, alguém que testemunha e legitima cada passo do processo, mesmo os mais caóticos ou aparentemente contraditórios. A confiança no campo, no contato e nos ajustamentos criativos possibilita que o luto não se transforme em paralisação, mas em processo de integração. A dor não desaparece, mas pode encontrar lugar na história da pessoa, abrindo a possibilidade de novos sentidos, novas formas de presença no mundo e de relação com aquilo (ou aquele) que foi perdido.

Lembro-me de um caso em que atendi um pai que

havia perdido seu filho de três anos, vítima de afogamento. Sua dor era avassaladora, e parecia invadir o espaço da terapia. Nas primeiras sessões, permaneci em silêncio, apenas ouvindo, sentindo-me angustiada por "não estar fazendo nada". Sem saber como prosseguir, perguntei a ele como se sentia sendo acompanhado por mim. Ele respondeu: "Finalmente me sinto verdadeiramente acompanhado. Aqui, você me deixa falar da minha dor, expressá-la exatamente como estou sentindo, sem tentar minimizar com frases como 'vocês vão superar' ou 'vai passar'. Lá fora, nem minha esposa consegue me ver mal. Aqui, estou sendo realmente acompanhado". Suas palavras me fizeram perceber o quanto a presença genuína e o espaço seguro que oferecemos são essenciais para que o paciente organize sua dor e se reconecte com seus recursos internos.

Esse é um exemplo de como a criação de um espaço acolhedor oportuniza ao paciente organizar sua dor e encontrar sua própria capacidade de autorregulação. Na Gestalt-terapia, entendemos que o organismo busca naturalmente o equilíbrio e o crescimento. No entanto, muitas vezes esse processo é bloqueado por pressões sociais ou dificuldades internas. O terapeuta, então, facilita a reconexão do paciente com sua própria capacidade de autorregulação, ajudando-o a restabelecer seu equilíbrio de forma organizada e criativa.

Os achados da Teoria do Apego de Bowlby (1998) enriquecem essa compreensão. A qualidade dos vínculos traumáticos – seguros, ansiosos, evitativos ou desorganizados – influencia diretamente o modo como o luto é vivido: indivíduos com apego seguro tendem a alternar, de forma relativamente estável, entre dor e restauração; já padrões ansiosos ou evitativos aparecem associados a riscos maiores de luto crônico, negação ou ruminação. Reconhecer esses estilos permite que o terapeuta module intervenções de cuidado de forma mais sintonizada.

É nessa relação de presença e confiança que o campo terapêutico se transforma em um lugar de reintegração, em que o sofrimento pode ser simbolizado, legitimado e atravessado com dignidade. Ao sustentar o contato com o que é doloroso sem apressar soluções ou oferecer alívios artificiais, o terapeuta gestáltico colabora com a elaboração do luto como um processo vital e singular.

Para integrar a perda à nova realidade, o processo de luto envolve várias fases fundamentais que se entrelaçam no trabalho terapêutico. A primeira delas é a aceitação, que implica o reconhecimento da nova realidade sem a pessoa ou situação perdida. Aceitar não significa esquecer ou apagar a dor, mas sim compreender que a vida continua, mesmo diante da ausência. Em seguida, vem a adaptação criativa, na qual o paciente começa a desenvolver novas habilidades e formas de viver dentro dessa nova realidade, lidando com as exigências e desafios que surgem.

Nesse estágio, o apoio terapêutico pode ajudar o paciente a experimentar novas maneiras de se relacionar com o mundo, testando ações e percebendo suas ressonâncias emocionais. A reconstrução é o próximo passo, em que uma nova narrativa de vida é criada, uma história que inclui a perda como parte integrante, mas que também permite que novas experiências e significados sejam incorporados.

Esse momento é particularmente fecundo na clínica gestáltica, pois convoca o paciente a se apropriar daquilo que ainda pulsa, abrindo-se à criatividade necessária para reorganizar sua existência. Por fim, o crescimento é alcançado quando, a partir da dor e da reconstrução, o paciente descobre novos significados e possibilidades para sua vida, integrando a perda ao seu ser de maneira transformadora.

Esse crescimento não é uma superação no sentido de deixar a dor para trás, mas uma ampliação do campo de consciência e de presença – uma vida que, agora diferente, continua a ser vivida com verdade e inteireza.

Outro exemplo que ilustra bem essa dinâmica de ajustamento criativo é o de uma jovem mulher que perdeu seu bebê de dois dias de vida em consequência de uma complicação na respiração do neném após o parto. Quando ela me procurou para marcar uma sessão, disse: "Estou de licença médica, pode ser a qualquer horário. Perdi meu bebê há seis dias". A dor e o desespero em sua voz eram palpáveis. Na primeira sessão, ela não conseguia falar muito, apenas chorava. Quando pedi que me contasse o que havia acontecido, ela relatou, pela primeira vez, o trauma de não ter segurado o filho no colo, uma dor que parecia definir toda a sua experiência de luto. Naquele instante, percebi que o "não contato" físico com o bebê tornara-se a figura dominante em seu campo, exigindo acolhimento antes de qualquer elaboração cognitiva.

Ao longo das sessões, observei mudanças sutis, mas significativas. Semana após semana, ela oscilava entre momentos de profundo sofrimento e pequenos avanços em direção à aceitação. Em determinado momento, discutimos se ela deveria voltar ao trabalho ou permanecer em licença. Juntas, avaliamos que o trabalho poderia ser uma forma de distração e de seguir em frente. Aos poucos, ela começou a se sentir mais fortalecida, e, enquanto isso, seu marido, que havia mantido uma postura forte até então, passou a vivenciar mais intensamente sua própria dor. Foi um processo de adaptação e reconstrução que os dois viveram juntos, cada um a seu tempo. A alternância do casal – ela avançando quando ele recuava e vice-versa – mostrou-nos como, no campo familiar, o ajustamento criativo pode assumir um ritmo "em revezamento", garantindo que a estrutura doméstica não desmorone de uma só vez.

Esse processo de adaptação e reconstrução revela uma importante conexão com a noção de ajustamento criativo, central na Gestalt-terapia. O ajustamento criativo é dinâmico e está profundamente ligado ao conceito de autorregulação e, por que não, ao de resiliência. Enquanto a resiliência descreve a capacidade de continuar vivendo após um abalo, o ajustamento criativo enfatiza *como* essa continuidade se dá – por meio de respostas inéditas que emergem da interação organismo-ambiente. No luto, assim como na resiliência, o indivíduo é chamado a reorganizar suas forças internas e modificar sua relação com o ambiente, permitindo-se integrar a perda à sua narrativa de vida e descobrir novas possibilidades de ser.

De acordo com Perls, Hefferline e Goodman (1997), o ajustamento criativo não é uma simples adaptação às circunstâncias, mas uma transformação ativa das experiências, permitindo ao indivíduo atender às suas necessidades de modo a favorecer seu crescimento pessoal. No contexto do luto, a resiliência manifesta-se quando a pessoa consegue, pouco a pouco, transformar a dor em uma nova forma de ser no mundo, integrando a perda em sua narrativa de vida e redescobrindo possibilidades que antes estavam obscurecidas pelo sofrimento. Esse movimento é muitas vezes descrito na literatura contemporânea como *crescimento pós-traumático*, no qual o evento devastador se torna, paradoxalmente, um ponto germinal para novas compreensões e projetos de vida (Tedeschi; Calhoun, 2004).

Esse processo de resiliência e ajustamento criativo permite ao indivíduo transformar uma experiência de destruição em uma oportunidade de renovação, demonstrando a força interior que pode emergir mesmo das situações mais adversas. Para o terapeuta gestáltico, isso reforça a importância de sustentar um campo de apoio suficientemente elástico: firme o bastante para conter o sofrimento, mas flexível o suficiente para acomodar os experimentos existenciais que levarão à reorganização do *self*. Dessa maneira, estar presente, oferecer validação fenomenológica e favorecer o contato pleno tornam-se atos clínicos decisivos no caminho para a reconstrução da realidade do enlutado.

Gostaria também de apresentar um terceiro caso que me marcou profundamente, pois ele ilustra a importância de vivenciar o luto de maneira plena, integrada e consciente, oferecendo a oportunidade de fechar gestalten ainda em vida. Acompanhei uma paciente em fase terminal que desejava despedir-se da mãe. Todavia, a mãe resistia em aceitar a realidade da morte iminente. Em uma sessão conjunta, minha paciente, com profunda serenidade, conseguiu dizer à mãe que estava pronta para partir. Diante disso, a mãe finalmente a escutou e, tomada de emoção, respondeu: "Vai em paz, minha filha. Eu vou conseguir". Dois dias depois, minha paciente faleceu; ainda assim, ambas tiveram a chance de se despedir de forma amorosa e verdadeira. Esse momento me ensinou sobre o valor de proporcionar ao paciente um espaço para expressar o que se passa em sua vida, permitindo que ele e quem o acompanha encerrem esse ciclo com maior paz e sensação de completude, antes que seja tarde demais.

Esses casos exemplificam a profundidade do verdadeiro cuidado terapêutico. O sofrimento, conforme descreve Beatriz Cardella (2017), não é somente um fenômeno negativo, mas também uma experiência paradoxal que carrega sabedoria e o potencial para transformação. Como ela afirma, o sofrimento está intrinsecamente vinculado às necessidades humanas de dignidade e funciona como uma sensibilidade particular à verdade da existência. Quando o sofrimento é acolhido de maneira humana, ele se torna uma oportunidade para a pessoa transformar suas feridas em preciosidades, ressignificando suas experiências e revelando uma força profunda na fragilidade. Esse olhar sensível sobre o sofrimento permite ao terapeuta ajudar o paciente a não apenas superar a dor, mas integrá-la ao seu processo de crescimento, restaurando o fluxo de singularização e humanização.

Essa perspectiva conduz diretamente ao poder transformador da Gestalt-terapia. A prática gestáltica oferece um caminho potente para trabalhar o luto de maneira transformadora: integrar a perda à nova realidade envolve aceitação, adaptação, reconstrução e, finalmente, crescimento. O papel do terapeuta, por meio de sua presença autêntica e acolhedora, é validar e legitimar a experiência de sofrimento do paciente, facilitando seu processo de cura e autorregulação. Como afirma Cardella (2017), ao reconhecer as dimensões singulares e universais do sofrimento, o terapeuta auxilia o paciente a recordar-se de si mesmo como ser humano, restaurando o vir-a-ser e abrindo um campo de possibilidades para a ressignificação. Ao permitir que o paciente vivencie plenamente suas emoções, o terapeuta ajuda-o a encontrar novos significados e possibilidades de vida, promovendo crescimento e transformação.

Concluindo, a clínica gestáltica, diante do luto, revela-se um espaço privilegiado de humanização. Ao sustentar o contato autêntico com a dor e legitimar a singularidade do sofrer, o terapeuta abre caminho para que o enlutado atravesse a perda sem anular sua vitalidade. A dualidade perda-restauração, a influência dos estilos de apego, os desafios socioculturais contemporâneos e o potencial de crescimento pós-traumático compõem um mapa clínico rico, que orienta intervenções sensíveis e criativas. A autorregulação do organismo, quando apoiada pelo campo terapêutico, engendra ajustamentos igualmente autorreguladores na família e na comunidade, irradiando efeitos que ultrapassam a díade terapeuta-paciente.

Nesse horizonte, o luto deixa de ser visto como um "desajuste" a ser corrigido e se afirma como experiência constitutiva da existência – um convite, por vezes doloroso, a recriar o mundo presumido e a reconfigurar vínculos internos e externos. Ao acolher o sofrimento com dignidade, a Gestalt-terapia reafirma seu compromisso ético de testemunhar, legitimar e favorecer o vir-a-ser humano, guardando a convicção de que, mesmo na ausência, pulsa sempre a possibilidade de presença, sentido e criação (Perls, 1988; Cardella, 2017).

Referências

BIANCHI, Denise P. B.; CAMPS, Paulo B. Angústias contemporâneas e Gestalt-terapia. In: MARRAS, Marco (org.). *Luto e enfrentamento na contemporaneidade*. São Paulo: Summus, 2020, p. 200-227.

BOWLBY, John. *Apego e perda*: tristeza e depressão. v. 3. São Paulo: Martins Fontes, 1998.

CAMPS, Patricia B. Perdas familiares: uma compreensão dos lutos na família. In: FERNANDES, Myrian B. (org.). *A clínica gestáltica com casais e famílias*: caminhos do diálogo. São Paulo: Instituto Gestalt de São Paulo, 2022, p. 211-232.

CARDELLA, Beatriz. *De volta para casa*: ética e poética na clínica gestáltica contemporânea. São Paulo: Summus, 2017.

PERLS, Frederick S. *A abordagem gestáltica & testemunha ocular da terapia*. Rio de Janeiro: Guanabara Koogan, 1988.

PERLS, Frederick S.; HEFFERLINE, Ralph F.; GOODMAN, Paul. *Gestalt-terapia*. São Paulo: Summus, 1997.

STROEBE, Margaret; SCHUT, Henk. The dual process model of coping with bereavement: rationale and description. *Death Studies*, v. 23, n. 3, p. 197-224, 1999.

TEDESCHI, Richard G.; CALHOUN, Lawrence G. Posttraumatic growth: conceptual foundations and empirical evidence. *Psychological inquiry*, v. 15, n. 1, p. 1-18, 2004.

7

Artesanias de uma clínica gestáltica em movimento: a experiência de um fazer sensível às vulnerabilidades sociais

Laura Cristina de Toledo Quadros

> *Enquanto eu fiquei alegre, permaneceram um bule azul com um descascado no bico, uma garrafa de pimenta pelo meio, um latido e um céu limpidíssimo com recém-feitas estrelas. Resistiram nos seus lugares, em seus ofícios, constituindo o mundo pra mim, anteparo para o que foi um acometimento: súbito é bom ter um corpo pra rir e sacudir a cabeça. A vida é mais tempo alegre do que triste. Melhor é ser.*
>
> *Adélia Prado*

A experiência pulsando

A proposta deste escrito é compartilhar uma experiência que vem animando minha trajetória na psicologia há mais de 30 anos. Uma trajetória envolvida no cotidiano, nos pequenos acontecimentos (Quadros, 2014), tal e qual a poesia desta mineira ímpar, Adélia Prado. Mas alerto que, sendo a experiência um fenômeno da ordem do vivido, ao narrá-la para vocês, muitas coisas irão se perder. Como nos aponta Jorge Larrosa Bondía (2002, p. 10):

> A experiência é sempre de alguém, subjetiva, é sempre daqui e de agora, contextual, finita, provisória, sensível, mortal, de carne e osso, como a vida mesma. A experiência tem algo da opacidade, da obscuridade e da confusão da vida, algo da desordem e da indecisão da vida. Por isso, na ciência tampouco há lugar para a experiência, por isso a ciência também menospreza a experiência, por isso a linguagem da ciência tampouco pode ser a linguagem da experiência.

Contrariando a ordem desse saber cientificista, abracei a Gestalt-terapia como abordagem a me orientar em outros modos de fazer – o que chamo de "uma prática clínica fora da caixa", uma clínica que se inventa na diversidade dos encontros. A abordagem gestáltica emerge como uma expressão revolucionária, trazendo uma perspectiva tanto integradora quanto inclusiva. Fritz Perls (1981, p. 7) aponta uma questão interessante quando nos diz que "qualquer abordagem razoável à psicologia que não se esconda atrás de um jargão profissional, deve ser compreensível ao leigo inteligente". Essa afirmação, mais do que qualquer retórica, contém uma ideia fundamental que, a meu ver, constitui um dos diferenciais sensíveis da Gestalt-terapia: a inevitável aproximação da clínica com a vida vivida (Prestrelo, 2017).

Pensamos numa clínica que se desdobra no coletivo, que abrange a dimensão política de um país com muitas desigualdades e nos implica num fazer que envolva a sensibilidade e a realidade social na qual nos encontramos inseridas. Portanto, afetada pelas experiências vividas, busco uma atuação sensível, inclusiva, abrangente, feminista e antirracista, inserida na atualidade, considerando os fundamentos da abordagem gestáltica e tendo a esperança como norte.

Ressaltar as implicações sociopolíticas desse fazer consiste no resgate da vocação da Gestalt-terapia para pensar as relações como processos dialógicos, fundados na liberdade, no respeito às diferenças e em práticas não elitistas que possam valorizar a vida em seu sentido mais pleno e possível. Como também destaca Larrosa (2002), é um saber de experiência que ouso aqui concebê-lo como um fazer artesanal, apoiada na minha própria ancestralidade de mulheres artesãs. Ouso também manejar esse saber como ciência, uma ciência no feminino, nos moldes discutidos por Isabelle Stengers (1989), quando ela distingue o cientista que age como *caçador de matilha*, cujo princípio é a rapidez e a busca das generalizações, do cientista que age como *caçador solitário*, disposto a esperar, a conhecer o tempo e as singularidades do outro.

Esse modo nomeado por Stengers como *caçador solitário* é, para a referida autora, uma afirmação da ciência no feminino que não está reduzida a uma questão de gênero, mas constitui modos de pesquisar e intervir que considerem o outro não como um alvo passivo de nossas práticas, mas como um outro com quem aprendemos conjuntamente, tecendo possibilidades de modo mais horizontalizado. Isso envolve uma partilha de *expertises*, promovendo uma distribuição dos saberes, num processo de transformação recíproca.

Apoiada em Mol e Law (2002), consideramos que as práticas são performativas, produzem mundos. Assim, tanto a pesquisa quanto a clínica gestáltica tornam-se espaços vivos de construção de conhecimento. Nesse sentido, proponho discutir uma prática gestáltica que se constitui dentro da ética do cuidado, mas distanciada de um modelo convencional. Trago no meu percurso de vida uma certa inquietação que me move e convida a caminhar pelas fronteiras e, por que não dizer, pelas margens, fora de uma via reta e presumida. Assim, continuarei nessa partilha de recortes da minha trajetória, alinhavando experiências que constituem esse fazer ciência no feminino, que desdobro aqui como um fazer gestáltico, sensível, corpóreo, dialógico (Hycner, 1995). É importante ressaltar que a ideia de um *fazer* está compreendida neste texto como uma artesania, um fazer à mão, como o das mulheres artesãs que também realizam seus trabalhos permeados de paciência, criatividade e afeto.

A experiência encarnada

Tudo começou quando eu, ainda como estudante no fim da graduação, assumo uma turma de ensino fundamental como professora concursada no município do Rio de Janeiro. Como eu ainda estudava na Universidade Federal do Rio de Janeiro (UFRJ), em um curso diurno, não me restaram muitas opções devido à distância para o deslocamento, e escolhi ser lotada em uma escola comunitária localizada no Morro do Borel. Trata-se de uma comunidade que, apesar de estar em um bairro de classe média da cidade do Rio de Janeiro, como tantas outras, é formada por população de baixa renda, com muitas carências estruturais, inclusive de saneamento básico. Certamente eu sabia disso, não era novo para mim. Mas aprendi ali, no instante que entrei na comunidade, que uma coisa é sabê-lo, outra é vivê-lo. Experienciei uma realidade que se impôs sobre mim e me trouxe marcas indeléveis. Segui a partir dessa experiência, afetada e trazendo outras perspectivas para a minha prática, que, desde então, se entrelaçou irremediavelmente com o campo social, sensível às vulnerabilidades.

Não é nosso objetivo neste texto discorrer acerca do conceito de "vulnerabilidade social". Sobre esse tema, Scott *et al.* (2018) trazem contribuições interessantes, e é fundamental que compreendamos que essa noção não se restringe às questões econômicas. Os autores destacam que este é um fenômeno multidimensional, como também afirmam Macedo e Kublikowski (2009, p. 692):

> A vulnerabilidade social das pessoas, famílias ou comunidades é então entendida como uma conjugação de fatores que pode afetar o nível de bem-estar das pessoas, famílias ou comunidades e que resulta em uma exposição maior ao risco. Trata-se, assim, de uma noção multidimensional, pois a vulnerabilidade pode afetar pessoas, grupos e comunidades em diferentes planos de seu bem-estar, de formas

> diferentes e em diferentes intensidades, estando relacionada à capacidade dos envolvidos de controlar os recursos requeridos para o aproveitamento de oportunidades propiciadas pelo Estado, pelo mercado e pela sociedade.

É a partir desse olhar que consideramos essa noção tanto nas andanças que foram me constituindo como psicóloga Gestalt-terapeuta e professora universitária quanto nos projetos que inspiraram esta escrita e serão apresentados a seguir.

Desde 1997, com a oportunidade de atuar numa ONG, venho capturando os desvios do caminho com atuações voltadas à população de baixa renda em diferentes comunidades do Rio de Janeiro, tal como na canção de Milton Nascimento, indo "aonde o povo está". Recolhendo muitos aprendizados em diversas parcerias, transformei essa oportunidade em inspiração para a construção de modos de atuação que reverberaram nas práticas de ensino-aprendizagem no campo da clínica, realizadas na universidade em diferentes projetos, interligados pela costura gestáltica. Para situar o(a) leitor(a), descreverei sucintamente as práticas que desenvolvo na Universidade do Estado do Rio de Janeiro (UERJ), universidade pública e pioneira tanto na implementação da Gestalt-terapia como disciplina obrigatória na grade curricular da graduação em Psicologia, quanto na política de ações afirmativas, trazendo diversidade para a universidade.

A primeira prática é o projeto de extensão "COMtextos: arte e livre expressão na abordagem gestática", que, desde 2015, desenvolve oficinas com a população excluída, meninas em situação de risco, usuárias de drogas, pessoas em situação de rua e crianças em situação de acolhimento institucional. As oficinas têm como dispositivo artístico a música, a pintura, o teatro e a literatura, possibilitando outros modos de expressão, pois, segundo Rhyne (2000), na experiência de contato com a arte, ampliamos nossa compreensão de como nos percebemos e também de como percebemos o mundo.

As oficinas e encontros com as pessoas acompanhadas no projeto reverberaram na equipe extensionista, permitindo uma construção de conhecimento em Psicologia que se faz situada, implicada, potente, viva e coletiva. Apesar de utilizarmos as oficinas como estratégia, as atividades foram realizadas em diferentes formas e circunstâncias. Fizemos atividades diretamente na rua, nas cenas de uso de crack e nas instituições de acolhimento, com pessoas diferentes, que nos exigiam uma intervenção clínica "fora da caixa", nos acionando o espírito gestáltico de produzir uma intervenção a partir do encontro. A abordagem gestáltica nos possibilita apresentar uma intervenção viva, a partir de uma atuação que se constitui de forma simétrica, em que o sujeito é ativo no seu próprio processo. Ao propormos elementos artísticos para a expressão, pretendemos re-unir, no sentido gestáltico, os vários aspectos que atravessam o nosso viver.

A segunda experiência é oriunda do projeto de pesquisa "Versões do sofrimento construídas por jovens mulheres na contemporaneidade: articulações entre a clínica gestáltica e a teoria ator-rede", que busca desenvolver uma escuta do sofrimento para além dos diagnósticos, propiciando que as jovens produzam suas versões de si. O projeto acontece com um grupo de jovens mulheres, acompanhadas também por mulheres terapeutas, fazendo emergir versões de sofrimento a partir de suas experiências. As vivências partilhadas, sentidas e reconfiguradas em grupo são compreendidas como modos de existir, um modo de construção de redes femininas de resistência, e não meramente como categorizações diagnósticas.

Utilizamos a Gestalt-terapia como suporte e prática de intervenção clínica, entendendo o ser humano de forma integrada e nos apoiando numa atuação que se constitui de forma simétrica, legitimando o grupo de mulheres acompanhadas em seus diversos modos de expressão acerca do sofrimento vivido. Empregamos, ainda, a Teoria Ator-Rede, reconhecendo a importância de acompanhar e descrever as práticas no fluxo dos acontecimentos, a partir de um *fazer pesquisa* implicado com o que se produz no campo e não afastado das afetações que emergem nesse processo. Nesse compartilhar de experiências, histórias e afetos, foi possível construir um espaço de cuidado e acolhimento ao que cada uma trazia, como uma forma de afirmar o vínculo e a rede que foi tecida nesse espaço. A partir do contato com suas histórias, do olhar da outra e do reconhecimento de si nessa rede de afetações, fortalecemos o feminino e a condição de resistir como afirmação da vida.

A última prática vem do projeto de pesquisa e estágio "Vidas em Movimento", que estamos desenvolvendo há cerca de oito anos no acolhimento psicológico de pessoas em situação de refúgio, tendo como fundamento a abordagem gestáltica. Além da diversidade cultural e religiosa que atravessam este cenário, nos deparamos com diferentes desafios que vão além da barreira da língua, visto que as dificuldades cotidianas enfrentadas pelos refugiados têm impactos imediatos nas nossas formas de acolhimento e acompanhamento psicoterápico. Para a efetivação dessa prática, contamos com uma equipe multilíngue (inglês, francês, espanhol) e com a disposição de nos deslocarmos trazendo impactos em nossos corpos, fazeres e sensações. Portanto, encarnamos o movimento na própria busca pela possibilidade do encontro. Essa experiência como campo de estágio no Serviço de Psicologia Aplicada (SPA), nos levou à novas formas de atuação, reconfigurando os aspectos convencionais da prática clínica pelas necessidades emergentes do campo.

Em qualquer situação em que há ameaça aos direitos humanos e à sobrevivência em geral, voltar o foco para as condições materiais de vida torna-se uma urgência que faz escapar, por vezes, os aspectos mais delicados dessa realidade. Contudo, destacamos também a importância de resgatarmos o aspecto mais sensível desse fenômeno e acreditamos que, especialmente a Gestalt-terapia, que apresenta em seu bojo um fazer aberto, criativo e interessante, pode trazer boas contribuições para esse campo, criando outras proposições para compor nosso trabalho (Quadros, 2019). Atuar principalmente com mulheres em situação de migração e refúgio nos convoca a clínica gestáltica e nos permite recriar as fronteiras dessa prática, considerando tanto a aposta no vínculo quanto os ajustes criativos que emergem da e na situação. Ao atuarmos com o fenômeno da migração, consideramos tanto a experiência de sofrimento quanto os arranjos possíveis criados pelos próprios refugiados para suportar as perdas inerentes a esse deslocamento dramático e, ao mesmo tempo, tão vital para tantos.

Essas três experiências trazem em comum uma certa desacomodação do nosso fazer na clínica, não apenas marcado pela inquietação, mas sobretudo pela reflexão acerca do que nos aflige na contemporaneidade. Pobreza, violação de direitos, segregação, violência, discriminação e migrações forçadas são experiências dolorosas que não só ferem a dignidade como constituem uma ameaça à humanidade. Fazer uma Gestalt "fora da caixa", reconfigurar os enquadres clínicos, criar e flexibilizar práticas sem romper os limites da ética e do respeito ao outro, mais do que desafios, são compromissos de quem abraça a ideia de que viver transcende a individualidade. Desse modo, a clínica individual é contornada pelo coletivo, reverberando os muitos que nos atravessam (Quadros, 2011). Nesse sentido, Laura e Fritz Perls foram visionários e generosos em suas práticas e reflexões, mantendo um diálogo fecundo entre o fazer e o pensar. E como o mundo não para, nos cabe aqui continuar a fazer, desfazer e refazer enquanto houver vida pulsando.

Portanto, a clínica que realizamos não pode estar apartada dos acontecimentos que pulsam ao nosso redor. Lidar com o que acontece, viver o cotidiano e deixar-se afetar pelo entorno é o que pode nos movimentar para além de uma individualidade. Dessa forma, a clínica nos convoca a uma atuação política, e a clínica gestáltica nos possibilita recriar as fronteiras de nossas práticas, considerando tanto a aposta no vínculo e no compartilhamento de experiências quanto os ajustes criativos que emergem *da* e *na* situação.

É nessa fronteira pessoa-mundo que o sofrimento e a potência se encontram, sendo importante olhar para o todo. Como aponta Beisser, em sua escrita original de 1970 e ainda muito atual:

> Elementos díspares, desintegrados e conflitantes apresentam uma ameaça de vulto para a sociedade, tal como o são também para o indivíduo. A compartimentação de pessoas idosas, gente jovem, pessoas ricas, gente pobre, negros e brancos, intelectuais e burocratas, etc, cada compartimento separado dos outros por hiatos de geração, de geografia, de sócio economia etc, constitui uma ameaça a sobrevivência da humanidade (Beisser, 1980, p. 113).

É necessário, porém, integrar as diferenças sem invisibilizar as singularidades e peculiaridades de cada processo, cada percurso, cada história. Esse é o compromisso de uma clínica ético-política. Para tal, precisamos compreender o sentido de se trabalhar promovendo o encontro, atuar nas fronteiras. Este é um resgate necessário, um desafio.

A experiência na fronteira

A Gestalt-terapia enfatiza a experiência de contato como uma experiência de fronteira. Para Perls (1981), um organismo vive em seu ambiente ao manter suas diferenças e, mais importante, ao assimilar o ambiente em suas diferenças; e é na fronteira que os perigos são rejeitados, os obstáculos são superados e as coisas assimiláveis são selecionadas e integradas. O casal Polster enfatiza a fronteira de contato como "o ponto em que o indivíduo experiencia o "eu" em relação ao que é não - "eu" e, por esse contato, ambos são experienciados mais claramente (Polster; Polster, 2001, p. 115).

Já Thérèse A. Tellegen:

> afirma que o contato é, ao mesmo tempo, o ponto de divisa e o ponto de união, uma fronteira que nada tem de física, que não é fixa, mas que, à medida que delimita, possibilita o encontro com o novo, o diferente. É na fronteira que pode ocorrer a mudança, a transformação (Tellegen, 1984, p. 85). Isso inclui os riscos e as oportunidades do arriscar-se.

Conhecer as nossas fronteiras, especialmente na atuação com pessoas em situação de vulnerabilidade social, é importante para a conscientização acerca de nossa mobilidade, bem como de nossos limites, pois, se os ultrapassamos, podemos nos sentir perdidos(as) ou invadidos(as). Dessa forma, todas as experiências que relatamos neste capítulo trazem o desafio de transitar nesse *entre*. Mas como podemos reconhecer e demarcar tais fronteiras?

Inspirada no que nos propõe Polster e Polster (2001), destaco que a experiência fronteiriça pode ser descrita a partir de diversas perspectivas: fronteiras corporais; fronteiras de valores; fronteiras de familiaridades; fronteiras expressivas; fronteiras de exposição. Nesse sentido, podemos desdobrar em nossa experiência outros fios que bordam as fronteiras, demarcadas, na prática, a partir:

- das experiências pessoais;
- da possibilidade de correr riscos;
- das percepções das próprias limitações;
- da disponibilidade ao aventurar-se;
- da aceitação das imprevisibilidades;
- das descobertas de se estar em contato;
- da confiança no vivido no momento do encontro.

À medida que entro em contato com o novo, percorro a fluidez do processo de criação, recriação e apropriação do que me é significativo. Para a feminista Gloria Anzaldua (2022, p. 35, tradução nossa):

> As fronteiras estão fisicamente presentes onde quer que duas ou mais culturas se tocam, onde pessoas de raças diferentes ocupam o mesmo território, onde as classes inferior, baixa, média e alta se tocam, onde o espaço entre dois indivíduos diminui com a intimidade.

> Sou uma mulher fronteiriça. Não é um território confortável para se viver, esse lugar de contradições.

Essa noção nos aponta para a possibilidade de um trabalho com pessoas em situação de risco e vulnerabilidade social que nos exija um delicado manejo de fronteira, e essa perspectiva da clínica gestáltica visionária e revolucionária nos leva a reconfigurar enquadres e lógicas enrijecidas, flexibilizar e criar possibilidades de intervenção em que o cuidado e o saber são horizontalizados, distribuídos em rede, compartilhados vivamente. Há de ter cuidado com os especialismos ou propostas fechadas. Uma das diretrizes de uma clínica ampliada consiste justamente na diluição de poderes, na atuação em rede e na legitimação de saberes não acadêmicos.

Como dito no início, discorro sobre fazer uma Gestalt "fora da caixa" e os desafios que envolvem uma prática que corre na trilha marginal. Temos uma responsabilidade de manter no horizonte a dimensão social de nossas práticas que transcende a individualidade, valoriza as singularidades, o frescor, a generosidade e a esperança.

A experiência que reverbera

Parar, pausar para rever histórias é reavivá-las em nós e desdobrá-las em outros(as). Para tanto, recolhemos também as reverberações, os outros possíveis que nos escapam a partir de uma oportunidade de ampliar nossas práticas. Não consigo pensar ou realizar numa prática gestáltica que não seja engajada. É uma abordagem provocativa por si só, apostando no vivido que transborda em múltiplas emoções. Foram elas que me conduziram até aqui.

Voltando a Larrosa (2002, p. 10), ele lindamente nos lembra que:

> A experiência é algo que (nos) acontece e que às vezes treme, ou vibra, algo que nos faz pensar, algo que nos faz sofrer ou gozar, algo que luta pela expressão, e que às vezes, algumas vezes, quando cai em mãos de alguém capaz de dar forma a esse tremor, então, somente então, se converte em canto. E esse canto atravessa o tempo e o espaço. E ressoa em outras experiências e em outros tremores e em outros cantos.

E já que esta escrita emocionada foi concebida para ser proferida em Minas Gerais, terra tão inspiradora e que ousou clamar e lutar por nossa liberdade, vou aqui me arriscar a ressoar experiências e cantos através dessa emblemática canção:

> Foi nos bailes da vida ou num bar
> Em troca de pão
> Que muita gente boa pôs o pé na profissão
> De tocar um instrumento e de cantar
> Não importando se quem pagou quis ouvir
> Foi assim
> Cantar era buscar o caminho

Que vai dar no sol
Tenho comigo as lembranças do que eu era
Para cantar, nada era longe, tudo tão bom
Até a estrada de terra na boleia de caminhão
Era assim
Com a roupa encharcada, a alma repleta de chão
Todo artista tem de ir aonde o povo está
Se foi assim, assim será
Cantando me disfarço e não me canso
De viver, nem de cantar.

(Nascimento; Brant, 1981)

Referências

ANZÁLDUA, Gloria. *Borderlands/La Frontera: The New Mestiza*. 5. ed. Aunt Lute Books, 2022.

BEISSER, Arnold R. A teoria paradoxal da mudança. In: FAGAN, Joe; SHEPHERD, Irma L. (orgs.). *Gestalt-terapia*: teorias, técnicas e aplicações. Rio de Janeiro: Zahar, 1980, p. 110-114.

BONDÍA, Jorge L. Notas sobre a experiência e o saber de experiência. *Revista Brasileira de Educação*, v. 1, n. 19, p. 20-28, 2002.

HYCNER, Richard. *De pessoa a pessoa:* psicoterapia diálogica. São Paulo: Summus, 1995.

MACEDO, Rosa M. S.; KUBLIKOWSKI, Ida. Valores positivos e desenvolvimento adolescente: perfil de jovens paulistanos. *Psicologia em Estudo*, v. 14, p. 689-698, 2009.

MOL, Annemarie; LAW, John. Complexities: an introduction. In: MOL, Annemarie; LAW, John (orgs.). *Complexities*. London: Duke University Press, 2002. p. 1-23.

NASCIMENTO, Milton; BRANT, Fernando. Nos bailes da vida [Gravação de música]. In: NASCIMENTO, Milton. *Caçador de mim* (faixa 1). EMI-Odeon, 1981.

PERLS, Fritz S. *A Abordagem Gestáltica e Testemunha Ocular da Terapia*. 2. ed. Rio de Janeiro: Zahar, 1981. Trabalho original publicado em 1977.

PRESTRELO, Eleonôra T. *Histórias que (nos) contam*: o encantamento dos dias de uma "vida vivida". Tese (Doutorado em Psicologia) - Universidade Federal Fluminense, Niterói, 2017.

POLSTER, Erving; POLSTER, Miriam. *Gestalt-terapia integrada*. São Paulo: Summus Editorial, 2001.

QUADROS, Laura C. T. A prática clínica individual como desdobramento e reverberação do coletivo. *Revista IGT*, v. 8, n. 14, p. 56-66, 2011.

QUADROS, Laura C. T. O cotidiano de uma Gestalt-terapeuta: A clínica dos pequenos acontecimentos. In: PRESTRELO, Eleonôra T.; QUADROS, Laura C. T. (Orgs.). *O Tempo e a Escuta da Vida*: configurações gestálticas e práticas contemporâneas. Rio de Janeiro: Quartet Editora, 2014, p. 37-50.

QUADROS, Laura C. T.; PRESTRELO, Eleonôra T. Nas Trilhas do Cuidado: A Afirmação da Dimensão Sensível da Experiência na Abordagem Gestáltica. *Estudos e*

Pesquisas em Psicologia, Rio de Janeiro, v. 19, n. 4, p. 864-879, 2019.

RHYNE, Janie. *Arte e Gestalt*: padrões que convergem. São Paulo: Summus Editorial, 2000.

STENGERS, Isabelle. A Ciência no Feminino. *Revista 34 Letras*, v. 6, n. 5, p. 427-431, 1989.

SCOTT, Juliano B. *et al.* O conceito de vulnerabilidade social no âmbito da psicologia no Brasil: Uma revisão sistemática da literatura. *Psicologia em Revista*, v. 24, n. 2, p. 600-615, 2018.

TELLEGEN, Therese A. *Gestalt e grupos:* uma perspectiva sistêmica. São Paulo: Summus Editorial, 1984.

8

Questões étnicas nas relações familiares

Teresinha Mello da Silveira

Introdução

O convite para participar da mesa-redonda "Questões étnicas nas relações familiares: uma abordagem fenomenológica e gestáltica", no III Congresso Mineiro de Gestalt-Terapia: Temas Clínicos em Gestalt-Terapia, organizado pelo Departamento de Psicologia da Faculdade de Filosofia e Ciências Humanas da Universidade Federal de Minas Gerais (UFMG), possibilitou a sistematização de questões que venho pensando e vivendo na clínica, às quais têm a ver também comigo e com minha família de origem.

Inicio me apresentando com uma autodescrição. Sou uma mulher mestiça, preta de pele clara. Do lado materno e paterno tenho ascendência indígena, preta e branca. Sou uma pessoa idosa que, mais recentemente, vem estudando sobre ancestralidade e comunicação transgeracional, alicerçada nos supostos epistemológicos da Gestalt-terapia, principalmente no método fenomenológico, na perspectiva de campo da Gestalt-terapia e nos processos e modos de contatar (*self*). Tenho especialização nas áreas clínica, principalmente no trabalho com grupo, idosos, relações amorosas e familiares. Além disso, uma das minhas características é a profunda atração por questões sociais. A abordagem gestáltica, por ser relacional e de campo, oferece em seus pressupostos os recursos necessários para compreender a matéria que pretendo desenvolver a seguir. Considerei importante me apresentar para que os leitores saibam de que lugar estou falando.

Não faz parte do escopo deste trabalho aprofundar conceitos. Contudo, os supostos gestálticos serão o pano de fundo de tudo o que eu expuser aqui, pois são a síntese dos meus estudos e de minha prática como psicoterapeuta e professora.

O que acontece nos grupos familiares, nas constantes mudanças do mundo, é digno de nota e há muito desperta meu interesse, tanto como profissional como cidadã e membro de uma família.

Para estudarmos a família, para além de concebê-la apenas como um grupo afetivo, é preciso considerá-la como uma construção social complexa, que tanto reflete quanto é influenciada por diversos fatores, incluindo os atravessamentos sociais que permeiam a sociedade contemporânea. Nessa dimensão, observamos tensões oriundas de questões étnicas, profundamente enraizadas em preconceitos e estigmas, afetando diretamente a dinâmica familiar e a formação de identidades. Como exemplo, Devulsky (2021) comenta que a cor parda existe apenas na certidão; ninguém chama outra pessoa de parda.

Então, eu me pergunto: o pardo ou a parda existe ou não? Além do mais, até bem pouco tempo atrás, pouco se via propagandas ou pessoas representativas (artistas, políticos, empresários) com a cor da pele preta ou parda, e quando apareciam, era sempre na função de subalternos, como ranço do escravagismo que por séculos assolou nosso país. Não resta dúvida de que tudo isso vai construindo a subjetividade do sujeito e, na maioria das vezes, deixando feridas difíceis de cicatrizar.

Neste contexto, a Gestalt-terapia, em seu viés mais ético, respeita a diversidade e se apresenta como uma abordagem capaz de promover a conscientização e a reflexão sobre esses temas, buscando novas formas de ajustamentos criativos no âmbito familiar. A compreensão do papel da família, portanto, não se limita apenas aos laços afetivos, mas se expande para incluir a análise das estruturas sociais que conformam as experiências de seus membros.

Na atualidade, falar de família é falar de multiplicidade. O modelo tradicional nuclear convive com famílias ampliadas, monoparentais, homoafetivas, recompostas, transafetivas, interculturais, entre outras tantas configurações que expressam a diversidade dos modos de viver e se relacionar. Esse mosaico familiar está profundamente atravessado por questões raciais.

Segundo o Instituto Brasileiro de Geografia e Estatística (IBGE), 55,7% da população brasileira se autodeclara preta ou parda, enquanto os indígenas somam cerca de um milhão de pessoas, e os brancos representam aproximadamente 43,5%. Apesar dessa diversidade, o ideal de família ainda é frequentemente associado à branquitude como norma, invisibilizando formas legítimas de existência e reforçando estruturas de exclusão. É nesse contexto que refletimos sobre os atravessamentos étnico-raciais nas relações familiares – e também sobre o potencial de transformações que nascem dessas vivências. Nós somos esse país, constituído por povos pretos e povos originários, cujas experiências e saberes são sistematicamente marginalizados, apesar de sustentarem a história, a cultura e a vida cotidiana dessa nação. Pensar a família e a subjetividade sem levar em conta essa realidade é reproduzir a lógica da exclusão e da violência simbólica.

Preconceito estrutural e suas implicações

O preconceito estrutural é um fenômeno que molda as relações sociais, criando barreiras invisíveis que dificultam a inclusão e a aceitação de indivíduos de diferentes etnias. Esse tipo de preconceito é evidenciado em práticas cotidianas, como o uso de expressões racistas e a ausência de representatividade negra em posições de liderança. O impacto desse preconceito é profundo, afetando a autoestima e a identidade de indivíduos negros e indígenas que muitas vezes se sentem marginalizados em suas próprias comunidades. São criados verdadeiros estereótipos, como a ideia de que a pessoa negra seria destinada ao trabalho bruto ou de que os povos originários seriam preguiçosos – ditados que atravessam gerações, completamente descontextualizados de sua história.

A análise do preconceito estrutural nos leva a compreender que ele não é uma anomalia, mas sim um elemento intrínseco à estrutura social. Recorrendo à Gestalt-terapia, podemos entendê-lo como decorrente de introjetos que absorvemos e transmitimos de geração em geração. Assim, de uma forma ou de outra, todos somos preconceituosos, e deveria ser nosso compromisso olhar de forma mais profunda para esses preconceitos. Enraizados na história do Brasil e em seu processo de colonização, eles se perpetuam, sustentando a ideia de que certos grupos são inferiores e alimentando um ciclo de exclusão que insiste em se reproduzir ao longo das gerações. A internalização desse preconceito pode levar a um estado de autodepreciação, em que indivíduos de grupos marginalizados passam a se ver como menos dignos e menos valiosos.

A mídia desempenha um papel significativo na formação de opiniões e na perpetuação de estereótipos. Imagens e narrativas que exaltam a branquitude, desvalorizam a negritude e reforçam a ideia de que o corpo negro é menos desejável. Isso se reflete nas escolhas de consumo, nas representações na televisão e no cinema, e até mesmo nas relações sociais do dia a dia. A falta de representatividade nas mídias principais leva à alienação e à desvalorização de culturas e identidades.

Essa distorção tem efeitos diretos sobre a autoestima das crianças negras e pardas, que podem se sentir excluídas de um ideal de felicidade e sucesso. Famílias que não discutem essas questões podem, mesmo sem intenção, reforçar estereótipos, levando seus membros a internalizarem crenças negativas sobre si mesmos e suas identidades, entre quem sou e como sou visto. Se o mundo diz que minha existência vale menos, isso se torna parte do meu campo, e afeta diretamente meu modo de estar no mundo. Dessa maneira, as manifestações não se limitam ao espaço público, mas se infiltram também nas relações familiares. Dentro do ambiente familiar, questões de cor de pele e características étnicas podem gerar conflitos, especialmente em laços interraciais. A expectativa de que filhos de casais interraciais apresentem características mais "aceitáveis" ou "bonitas", segundo um padrão eurocêntrico, pode gerar sofrimento e insegurança, criando um ambiente de pressão e desconforto. Neste cenário, fatores externos, como a mídia e as normas sociais que promovem uma estética específica como ideal de beleza, intervêm na família, e a família, mesmo sem se dar conta, alimenta o preconceito.

Por outro lado, cabe destacar que as famílias podem ser um suporte valioso para que seus filhos vivam em sociedade, ainda que com a dor de vê-los sofrer *bullying* na escola ou em brincadeiras com companheiros em parques, lanchonetes e até mesmo em igrejas. No entanto, um ambiente familiar seguro pode ser um fator crucial para a construção de uma identidade sólida, permitindo que as crianças se sintam confortáveis em sua própria pele.

Na clínica, o sofrimento citado aparece com frequência e nos convoca a olhar para além do sintoma. A Gestalt-terapia nos orienta a considerar o contexto em que esse sujeito está inserido – sua história, sua cultura, suas relações – sem separar indivíduo e ambiente. A dor de quem sofre os efeitos do racismo estrutural não pode ser compreendida fora dessa totalidade.

Sofrimento ético-político

A pressão para se adequar a padrões estéticos definidos pela sociedade pode levar ao que se chama de "sofrimento ético-político" (Sawaia, 2014). A autora introduz a noção de sofrimento ético-político como aquele que advém da contradição entre o desejo de reconhecimento e as condições materiais e simbólicas que negam a humanidade do outro. Essa concepção é vital para compreender a dor psíquica de pessoas racializadas, muitas vezes reduzidas a diagnósticos descontextualizados, sem considerar o meio social violento que as constitui. Nessas circunstâncias, a família, conforme abordei anteriormente, pode ser tanto um espaço de acolhimento quanto um local de reprodução de preconceitos. A ausência de diálogo aberto sobre questões raciais dentro do núcleo familiar pode impedir que os membros reconheçam e validem suas próprias experiências, perpetuando o ciclo de exclusão e discriminação. As famílias não são neutras do ponto de vista racial. Kilomba (2019) denuncia os "episódios de racismo cotidiano" que se manifestam nas relações mais íntimas, inclusive nas dinâmicas familiares, revelando que o racismo não está apenas no exterior, mas também nos espaços afetivos. Para os povos originários, as famílias enfrentam o desafio da desestruturação forçada pelas políticas coloniais, que visaram destruir suas formas de organização, saberes e territórios.

Oyěwùmí (2021) propõe a desconstrução de categorias ocidentais, como a família nuclear e o gênero binário, ressaltando que, em contextos africanos, a organização familiar é fluida, relacional e atravessada por outros sentidos de pertencimento. Isso também vale para os povos originários, cujas estruturas familiares ampliadas são invisibilizadas pelas instituições ocidentais. A colonialidade não apenas impõe uma narrativa hegemônica sobre a família, como também tenta apagar outras formas de existir e desse relacionar

O corpo como lugar político

A corporeidade é central na Gestalt-terapia. Alvim (2016) discute o corpo como lugar de inscrição das experiências, atravessado por forças do ambiente sociocultural. Nos corpos pretos e de povos originários, a história de violência se inscreve como trauma coletivo e individual. Fanon (2020) denuncia esse processo em *Pele negra, máscaras brancas*, ao narrar como o corpo preto é reduzido à cor, ao estereótipo, ao lugar do outro, produzindo uma alienação dolorosa. A terapia deve ser um lugar de revalorização do corpo, da memória e da história – um campo de resistência e cuidado.

A clínica gestáltica e o sofrimento ético-político

A escuta do sofrimento ético-político exige uma clínica que não reduza o sofrimento à interioridade do sujeito, mas que reconheça os atravessamentos sociais e proponha um cuidado situado. É nesse ponto que os conceitos de campo e de *self*, na Gestalt-terapia, ganham força.

A Gestalt-terapia se ancora na fenomenologia, o que implica um olhar atento às experiências vividas em sua singularidade e totalidade. Essas experiências estão presentes na situação terapêutica em um campo criado no encontro entre o terapeuta e a família. Ao falarmos de campo na abordagem gestáltica, estamos falando de organismo e ambiente em interação. Segundo Peixoto (2018), a Gestalt-terapia propõe uma "contatologia", uma ética do encontro, em que a experiência é compreendida em sua ocorrência contextual, no campo-relacional. Para compreender as questões étnicas na família, é necessário considerar os atravessamentos sociais que produzem a racialização dos corpos e dos afetos, interferindo diretamente nas relações e nos modos de ser-no-mundo.

Belmino (2021), por sua vez, destaca que o campo é coconstruído e carrega as marcas do histórico-cultural, que, no Brasil, inclui a violência colonial, a escravidão e o apagamento dos povos originários. Assim, a família não pode ser pensada como uma entidade isolada, mas como um lugar em que se reproduzem ou se enfrentam as assimetrias étnico-raciais.

O campo da Gestalt-terapia é circunscrito por uma fronteira na qual o *self* se processa. Visto desta forma, o campo engloba pessoa-fronteira-ambiente. Conforme Perls, Hefferline e Goodman (1997, p. 179):

> O *self* pode ser considerado como estando na fronteira do organismo, mas a própria fronteira

> não está isolada do ambiente; entra em contato com este; e pertence a ambos, ao ambiente e ao organismo.

Robine (2006), ao se pronunciar a respeito, diz que o *self* em Gestalt-terapia aparece como o processo emergente dos contatos que se tecem na borda de cada encontro, como experiência de fronteira.

Ainda conforme os autores citados, o *self* não é uma instituição fixa. Ele se constitui nas experiências vividas, nas falas que escutamos, nos olhares que nos dirigem – e também nos silêncios daquilo que não pôde ser dito. Sendo o *self* o processo de contato com a novidade na fronteira, a fronteira é o lócus privilegiado de trabalho do terapeuta. Quando o ambiente familiar não reconhece a identidade étnica de seus membros, ocorre uma interrupção no contato, o indivíduo se fragiliza e o ajustamento criativo se realiza de tal maneira que o sujeito sofre.

Em um artigo anterior (Silveira, 2024), destaco a importância e como acompanhar o grupo familiar por meio do *self* da situação, informando que ele não é da pessoa ou da família, nem do ambiente, e sim um constructo que permite acompanhá-los no processo de contato.

Portanto, é fundamental que os pais e responsáveis estejam atentos a essas influências e promovam um ambiente em que a diversidade é celebrada e discutida.

A clínica como espaço de encontro e reflexão

A clínica se apresenta como um espaço de encontro, partilha e escuta – um lugar em que perguntas ganham mais potência que respostas prontas. Na clínica, coconstruímos um campo propício com famílias, no qual o suporte e o olhar exigem presença, no sentido de estar inteiro como terapeuta, debruçado no que e como o grupo familiar traz suas angústias, medos, dúvidas, conquistas e o que mais quiser.

Estar na clínica contemporânea é também caminhar como aprendiz, reconhecendo que ou reconstruímos o mundo, ou seguimos rumo à sua destruição. A escuta gestáltica se faz viva quando atravessada pelo presente, pelo outro, pelo diverso e pelo incômodo. A Gestalt-terapia não busca teorizar nos moldes tradicionais, mas coloca-se como uma epistemologia, em que o sensível ocupa um lugar como uma terapia estética, por meio do que acontece em nossos corpos. Para além do verbal, o(a) terapeuta está ali com tudo que experimenta, e só dessa maneira é possível que seus pacientes experimentem também seus corpos. Nessa intercorporeidade, emergem os temas que, por não terem sido resolvidos, pedem atualização. É necessário ser curioso não apenas em relação à família, mas também quanto às requisições da cultura que nela atuam.

Como terapeutas, precisamos perceber com, sentir com, intuir e hipotetizar, favorecendo que o grupo familiar possa estar mais consciente da importância de honrar suas raízes.

A clínica deve se abrir ao movimento, ao sensível, ao devir – encarnando os princípios gestálticos na experiência concreta. As vozes silenciadas do passado – culturas indígenas, africanas e saberes populares – pedem passagem.

O presente nos convoca à ação e à responsabilidade. O futuro dependerá de como nos enraizamos e nos abrimos ao que ainda pode vir a ser. Assim, o profissional deve estar atento às demandas ético-políticas que atravessam a prática, não só na clínica, mas em todos os lugares que as questões étnico-raciais, de gênero, de exclusão, de violência, de destruição do planeta e de desvalorização dos saberes não hegemônicos sejam identificadas.

A escuta fenomenológica exige que o terapeuta sustente a presença, sem impor verdades ou interpretações fixas. Ao reconhecer o campo relacional entre organismo e ambiente em constante interação, tornamo-nos mais capazes de acolher o sofrimento que não é só individual, mas coletivo, histórico e político. A clínica não pode ser cega ao sofrimento causado pela injustiça social, pela opressão e pelas hierarquias. Esses sofrimentos não são patologias, mas resistência e vida pulsando.

Sobre o que estamos falando, o papel do Gestalt-terapeuta é crucial, pois, valendo-se de seu conhecimento e, principalmente, do que ocorre em seu corpo, ele vai interagir com a família para juntos identificarem os padrões de comportamento que perpetuam preconceitos e estigmas. Isso pode incluir a exploração das histórias familiares, em que os membros podem compartilhar experiências passadas que influenciam suas percepções e interações atuais. A conscientização sobre como o racismo estrutural e o preconceito afetam suas vidas é um primeiro passo crucial para a mudança.

O terapeuta deve proporcionar um ambiente seguro para a expressão de sentimentos e experiências, permitindo que os membros da família se sintam à vontade para discutir questões delicadas relacionadas à raça e à identidade. Para isso, o profissional há de contar com sua humanidade e reconhecer em si seus próprios preconceitos, suas discriminações e vulnerabilidades. É nessas circunstâncias que eu digo que o terapeuta é um aprendiz. Não sabemos nada da experiência de exclusão de quem atendemos, até que quem é atendido nos diga. De minha parte, em situação terapêutica, a cada sessão imagino estar adentrando um mundo novo a cada encontro.

A partir de um diálogo aberto, é possível criar com quem atendemos um campo confiável, fundamental para a construção de novas narrativas familiares. Portanto, o terapeuta deve ser sensível às dinâmicas de poder dentro da família e estar atento às vozes frequentemente silenciadas.

Se vocês perceberam, em momento nenhum eu falo do que o terapeuta é capaz, mas sim de construir com os familiares um campo de relações horizontais, visto que as relações de poder estão absolutamente intrincadas com a normatividade da branquitude. Se fizermos o mesmo na terapia, incorremos no risco de sermos mais um ou uma a dizer como as pessoas já doloridas com um sistema que se mostra danoso devem fazer. É importante que abramos espaço para cada um se expressar em sua particularidade, pois tal e qual qualquer pessoa branca, os pretos, indígenas e mestiços são diferentes entre si.

Além disso, o terapeuta deve estar preparado para lidar com a resistência que pode surgir durante o processo.

Muitas vezes, os membros da família podem não estar prontos para confrontar suas crenças ou podem sentir-se ameaçados pela ideia de que suas ações perpetuam o preconceito. Nesse sentido, torna-se necessário respeitar o tempo dos familiares. Grandes dores não são expostas facilmente, pois geram vergonha, sentimentos de humilhação e, não raro, a família se sente violentada.

A habilidade do terapeuta em criar um espaço seguro e acolhedor e ficar com o que está acontecendo ali, naquele momento, naquela relação, é fundamental para facilitar essa jornada de descoberta e transformação.

Desta forma, no contexto clínico, é essencial estar atento às tensões que surgem em famílias interraciais. Os casais podem experimentar conflitos sobre como educar seus filhos em relação à identidade étnica. Por exemplo, um casal formado por um parceiro negro e outro branco pode ter visões divergentes sobre como abordar a questão da cor da pele e da aceitação social. A Gestalt-terapia pode ajudar esses casais a encontrar caminhos possíveis, permitindo que cada parceiro expresse suas preocupações e inseguranças.

Um caso emblemático pode ser o de uma mãe que deseja que seu filho apresente características mais claras, refletindo um desejo de proteção contra o preconceito. Por meio da terapia, ela pode explorar suas próprias experiências de discriminação e entender como isso influencia suas expectativas em relação ao filho. O terapeuta pode facilitar uma conversa na qual ambos os parceiros reconheçam e validem suas experiências, promovendo um ambiente suportivo.

Os atendimentos podem incluir atividades que incentivem a expressão criativa, como arte ou dramatizações, permitindo que os membros da família explorem suas emoções de maneira segura. A prática de *role-playing*, por exemplo, pode ajudar os membros da família a colocarem-se no lugar do outro, desenvolvendo empatia e compreensão. Essa abordagem não somente promove a comunicação, mas também possibilita que os membros da família vejam suas dinâmicas sob novas perspectivas, contribuindo para que os membros saibam gerir melhor os conflitos.

Um dos principais objetivos da terapia com o grupo familiar, quando falamos de relações étnico-raciais, é incentivar o diálogo aberto. Isso inclui, quando possível, refletir sobre o racismo no país e suas consequências no cotidiano, além de criar um ambiente em que cada pessoa se sinta segura para compartilhar sua trajetória e sua forma de viver a própria identidade. No entanto, cabe ao terapeuta conhecer mais sobre o mundo sociocultural da família para refletir junto com esta as diferentes maneiras de lidar.

Esses diálogos não acontecem de uma vez só. São construções contínuas – feitas de escuta, de tropeços, de reaprendizados. O letramento antirracista dentro da família precisa acontecer como parte da vida: nas conversas, nas escolhas, nos livros, nas brincadeiras, na maneira como olhamos para o outro e nomeamos o mundo. Nisso, o papel dos adultos é fundamental, especialmente quando reconhecem seus próprios limites e estão abertos a aprender com as novas gerações.

Muitas famílias carregam silêncios antigos. Há temas que não foram falados, histórias que ficaram escondidas, nomes que não foram ditos. Mas mesmo o que foi silenciado segue operando, atravessando o campo familiar. A Gestalt-terapia nos convida a olhar para esses silêncios e escutá-los, compreendendo que o contato só se faz plenamente quando há espaço para que cada um se revele com sua verdade e sua dor.

É nesse ponto que o sofrimento ético-político também aparece: ele está presente quando alguém é ferido por não caber nos moldes sociais impostos; quando precisa esconder sua cor, seu cabelo, sua origem ou sua língua para ser aceito. Na clínica e nas famílias, precisamos nomear esse sofrimento e, mais do que isso, acolhê-lo com responsabilidade e compromisso. Essa é uma forma de educar: criando espaços de reconhecimento e de afeto.

Promover a escuta ativa, validar as experiências e reconhecer os saberes que cada membro carrega é essencial para que a família se torne um espaço de fortalecimento e não de exclusão. O diálogo sobre identidade e pertencimento não é um luxo: é uma necessidade diante das violências que estruturam a nossa sociedade. A clínica pode contribuir muito nesse processo, mas é no dia a dia da casa, nas microações cotidianas, que as transformações mais profundas podem acontecer.

Vale lembrar também que o *setting* terapêutico não é lugar de panfletagem. Refiro-me no presente texto ao sofrimento ético-político. Muitas famílias, pretas, pardas, interraciais nem colocam esse tema em questão – as queixas são de outra ordem e então, a pessoa que atende vai caminhar nas dores e sabores dos familiares ali presentes.

Gestalt-terapia e os saberes ancestrais

A Gestalt-terapia, ao resgatar suas raízes subversivas, criativas e coletivas, rompe com a lógica do capital, da medicalização e da normatividade funcionalista, que muitas vezes reduz o sofrimento humano a um conjunto de sintomas a serem eliminados. Em vez disso, é preciso restaurar a centralidade da relação, do vínculo com o outro, com o planeta e com os saberes ancestrais que nos sustentam – saberes indígenas, africanos, populares e comunitários, muitas vezes desconsiderados pelas epistemologias ocidentais dominantes.

Incorporar essas epistemes é também um gesto contracolonial (Santos, 2023). A contracolonialidade não se trata apenas de resistência, mas de criação de novas formas de existência que rompam com a imposição de um único modo de ser, pensar e sentir. Ao valorizar a diversidade de histórias, vozes e cosmologias, abrimos espaço para práticas clínicas mais sensíveis às realidades plurais dos sujeitos que nos procuram – especialmente os que vêm dos grupos historicamente oprimidos.

A contracolonialidade na clínica significa, entre outras coisas, reconhecer que o sofrimento ético-político não é uma exceção: é cotidiano. É o sofrimento de quem vive nas margens, de quem não tem o direito de simplesmente existir sem ser alvo de julgamento, exclusão ou violência. Muitas vezes, esse sofrimento aparece disfarçado de ansiedade, apatia, baixa autoestima ou dificuldades relacionais – mas sua raiz está no campo social e histórico em que o sujeito está inserido. A escuta gestáltica, comprometida com o campo e com a singularidade de cada pessoa, precisa levar isso em conta. Não se trata de "politizar a clínica", mas de reconhecer que a clínica já é, por si, um ato político.

Fortalecer os grupos mais vulnerabilizados é parte dessa ética clínica. Quando acolhemos uma mãe preta que não quer que seu filho sofra o que ela sofreu, ou um jovem indígena que não encontra espaço para sua espiritualidade na cidade, estamos também acolhendo sua ancestralidade, sua história e sua potência. A clínica se torna, assim, um território de cuidado e resistência – em que é possível reimaginar futuros mais justos, mais plurais e mais vivos.

Considerações finais

Em suma, a família é um microcosmo da sociedade, refletindo os desafios e as complexidades dos atravessamentos sociais. As questões étnicas, quando abordadas com sensibilidade e compreensão, podem se tornar uma oportunidade para crescer e fortalecer os laços familiares. A Gestalt-terapia, ao promover um espaço de escuta, experimentação e reflexão, pode contribuir para a construção de uma nova narrativa familiar, em que a diversidade é celebrada e o preconceito é confrontado.

Ao reconhecer e trabalhar com as tensões sociais, as famílias podem se tornar agentes de mudança, proporcionando a construção de uma sociedade mais inclusiva e justa. É fundamental que todos nós, como sociedade, estejamos dispostos a confrontar nossos preconceitos e a trabalhar em direção a um maior entendimento e aceitação das diferenças. A transformação ocorre quando as famílias se comprometem a ser espaços de aprendizado e crescimento, onde cada membro é valorizado por sua individualidade e contribuição.

Por fim, viver é, sempre, um ato político. A Gestalt-terapia deve pulsar como um caminho de vida, encontro e transformação. Portanto, é vital que a prática terapêutica se estenda além dos muros do consultório, fazendo-se viva nos encontros cotidianos, nas relações e nos territórios. Que possamos seguir como aprendizes, comprometidos com a vida em todas as suas formas, buscando sempre um futuro mais iluminado pela diversidade e pela inclusão. Por meio dessa jornada coletiva, podemos possibilitar um mundo em que cada indivíduo, independentemente de sua origem étnica ou identidade, possa se sentir valorizado e respeitado, contribuindo, assim, para uma sociedade mais igualitária.

Referências

ALVIM, Mônica B. O lugar do corpo e da corporeidade na Gestalt-terapia. In: FRAZÃO, Lilian M.; FUKUMITSU, Karina O. (orgs.). *Modalidades de intervenção clínica em Gestalt-terapia.* v. 4. São Paulo: Summus, 2016, p. 27-55. (Coleção Gestalt-terapia: fundamentos e práticas)

BELMINO, Marcus C. de B.; OLIVEIRA, José L. In: BOCCARDI, Diogo de O. (org.). *Gestalt-terapia e sociedade.* São Paulo: LiberArs, 2021, p. 15-29.

DEVULSKY, Alessandra. *Colorismo.* São Paulo: Jandaíra, 2021.

FANON, Frantz. *Pele negra, máscaras brancas.* São Paulo: Ubu, 2020.

IBGE. *Cor ou raça.* IBGE Educacional, 2023. Disponível em: https://educa.ibge.gov.br/jovens/conheca-o-brasil/populacao/18319-cor-ou-raca.html/ . Acesso em: 21 mar. 2025.

KILOMBA, Grada. *Memórias de plantação*: episódios de racismo cotidiano. Rio de Janeiro, Cobogó, 2019.

OYĚWÙMÍ, Oyèrónké. *A invenção das mulheres:* construindo um sentido africano para os discursos ocidentais de gênero. Rio de Janeiro: Bazar do Tempo, 2021.

PEIXOTO, Paulo de T. *Gestalt-terapia & Contatologia.* Macaé: Paulo-de-Tarso Edições, 2018.

PERLS, Frederick S.; HEFFERLINE, Ralph; GOODMAN, Paul. *Gestalt-terapia.* São Paulo: Summus, 1997.

ROBINE, Jean-Marie. *O self desdobrado*: perspectiva de campo em Gestalt-terapia. São Paulo: Summus, 2006.

SANTOS, Antônio B. dos. *A terra dá, a terra quer.* São Paulo: Ubuntu, 2023.

SAWAIA, Bader (org.). *As artimanhas da exclusão*: análise psicossocial e ética da desigualdade social. Petrópolis: Vozes, 2014.

SILVEIRA, Teresinha M. da. É possível falar em *self* da situação familiar? In: PEIXOTO, Paulo de T. de C. (org.). *O Tao do self.* Macaé: Ecovie Edições, 2024.

9

Relação dialógica[1]

Lilian Meyer Frazão

Quando começamos a estudar Gestalt-terapia no Brasil, nos idos dos anos 1970, não se falava em relação dialógica. Ainda se trabalhava nos moldes mais confrontativos no estilo de Fritz Perls, com quem nossos treinadores haviam feito seu próprio treinamento.

Na época da fundação do Centro de Estudos de Gestalt-terapia em São Paulo, em 1983, recebemos muitas cartas de Gestalt-terapeutas americanos oferecendo-nos vir ao Brasil para nos dar treinamento. Respondemos a todas mais ou menos nos mesmos termos, dizendo que estávamos em busca de uma forma de trabalhar na abordagem que fosse mais condizente com a cultura brasileira, de forma geral mais afetuosa do que o que conhecíamos dos treinamentos realizados por americanos.

Quando tivemos conhecimento do livro de Richard Hycner e Lynne Jacobs – *The Healing*

1 Apresentado na mesa-redonda "Relação dialógica e atendimento *on-line* na clínica fenomenológica: reflexões" do III Congresso Mineiro de Gestalt-terapia: Temas Clínicos em Gestalt-terapia, realizado em Belo Horizonte, de 9 a 11 de outubro de 2024.

Relationship in Gestalt Therapy [Relação e Cura em Gestalt-terapia] –, imediatamente, vimos na relação dialógica uma inovadora possibilidade de relação terapêutica em Gestalt-terapia mais adequada e condizente com nossa cultura.

Nosso entusiasmo foi grande. No III Encontro Nacional de Gestalt-terapia, realizado em 1991, em Brasília, e organizado por Walter Ribeiro, Richard Hycner foi convidado a participar do evento. Tive o prazer de estar com ele num curso oferecido a um pequeno grupo de pessoas antes do congresso e também de estar com ele numa mesa no congresso.

A concepção de relação dialógica vem do pensamento de Martin Buber, que foi professor de História das Religiões e Ética Judaica na Universidade de Frankfurt, e posteriormente em Israel.

Embora Laura Perls tenha sido aluna de Buber, seu nome não é mencionado nenhuma vez no principal livro de Gestalt-terapia de Perls Hefferline e Goodman. Aliás, neste livro, não se faz nenhuma referência à questão relacional, temática que só começou a ser significativa para a comunidade gestáltica internacional por volta dos anos 1980. Uma coisa interessante é que tanto Fritz quanto Laura foram pacientes do psicanalista Kurt Landauer, que foi amigo pessoal de Buber e o influenciou para que se dedicasse à teologia do judaísmo.

Um dos livros mais famosos de Buber entre os Gestalt-terapeutas é o "Eu e Tu", no qual faz reflexões teológicas e aborda a questão da relação dialógica se referindo a duas palavras-princípio: Eu-Tu e Eu-Isso.

A relação Eu-Tu diz respeito à relação e ao diálogo que se estabelece entre duas pessoas diferentes quando estão juntas como pessoas reais e autênticas, que se deixam afetar e responder uma à outra. Trata-se de um encontro genuíno e verdadeiro com um outro.

Já a relação Eu-Isso, que necessariamente se alterna com a relação Eu-Tu, refere-se a um tipo de relação mais distanciada, que tanto pode ser com objetos como com pessoas. Esta não necessariamente implica em objetificação do outro, mas sim a uma necessária retração do contato, inclusive necessária à assimilação. Eventualmente, a relação Eu-Isso pode levar, sim, a uma objetificação nas relações. Segundo Buber (1979, p. 4), a palavra-princípio Eu-Isso não pode ser proferida pela totalidade do ser.

As formulações de Buber no livro *Eu e Tu*, tiveram ampla aceitação na comunidade gestáltica brasileira.

Embora o título seja *Eu e Tu*, ao longo do livro a grafia muda para Eu-Tu. Creio que o hífen é extremamente importante, pois, ao mesmo tempo em que separa Eu de Tu, também os une. Ele revela o espaço do entre, onde ocorre o encontro verdadeiro.

No capítulo "Gestalt-terapia: um método dialógico", do livro *Processo, Diálogo e Awareness*, Gary Yontef (1993) menciona as características da relação dialógica, quais sejam:

1. Abertura ao outro: estar disponível para acolher respeitosamente o outro, deixando-se afetar por ele;

2. Aceitação: aceitar o outro em sua unicidade e singularidade, validando-o tal como ele é;
3. Presença autêntica, interessada e envolvida na relação;
4. Mutualidade: implica em reconhecer a existência de troca e reciprocidade na relação. Não significa nem igualdade nem simetria. Pelo contrário, mutualidade verdadeira implica diferença e troca;
5. Inclusão: respeitar a experiência do outro, imaginando sua experiência a partir do lugar em que ele a vive, sem, no entanto, perder a noção de si mesmo como diferente do outro. Inclusão implica em compaixão: a capacidade de partilhar sentimentos, de ser solidário e de se emocionar com e pela dor do outro;
6. Confirmação: confirmar quem o paciente é e também aquilo que ele pode vir a ser. Implica em confiar no potencial do cliente e na crença de um Homem em constante crescimento e desenvolvimento. Não se refere à concordância nem pode com ela ser confundida.

Embora a confirmação implique em aceitação, diferencia-se dela. Enquanto aceitação é validar aquilo que é, confirmação se refere àquilo que é e também àquilo que pode vir a ser.

A experiência clínica mostra que, na maioria das vezes, o que traz o paciente à terapia é justamente sua impossibilidade de verdadeiramente SER, e deste lugar estabelecer e/ou manter relações, sejam elas com familiares, com parceiros amorosos, com colegas de trabalho ou com amigos. O que faltou a estes pacientes foi a experiência de se constituírem como sujeitos de sua existência e se relacionarem, a partir de sua singularidade, alteridade e humanidade, com a singularidade, alteridade e humanidade do outro.

Segundo Friedman (1994, p. 119), cada ser humano é único, e para que essa unicidade possa ser, é fundamental que seja confirmada por um outro, diferente de si mesmo.

Disto decorre, no mais das vezes, a impossibilidade de o cliente ser real e autêntico em seus relacionamentos pessoais. Em função disso, a relação terapêutica, a princípio, não se caracteriza nem pela mutualidade nem pela autenticidade, como seria de se esperar em uma relação dialógica. O terapeuta, no entanto, deve ter, em relação ao paciente, uma atitude dialógica. Na relação inicial entre paciente e terapeuta, não se pode falar em relação dialógica, a não ser como algo que se almeja alcançar.

Atitude, segundo Krech e Crutchfield (Rodrigues, 1972, p. 396-404), refere-se a:

> uma organização duradoura de processos motivacionais, emocionais, perceptivos e cognitivos com relação a algum aspecto do mundo da pessoa.

Atitudes são integradas por componentes cognitivos, afetivos e comportamentais. Quanto mais consistentes e congruentes os componentes cognitivos e afetivos, mais coerente e eficaz será o comportamento.

A partir desta definição de atitude, podemos ver que de nada adianta falar em atitude dialógica, se não tivermos comportamentos coerentes com ela. Em nossas menores ações estão implícitos os valores que as regem.

Incoerência entre atitude dialógica e atos do terapeuta pode causar mais malefícios do que benefícios ao paciente.

Os pacientes que nos procuram encontram-se em sofrimento, e boa parte desse sofrimento está relacionada à dificuldade – ou até mesmo à impossibilidade – de ser o que são, isto é, de serem autênticos e verdadeiros consigo mesmos e diante do outro. Não foi à toa que Arnold Beisser (1970, p. 110-114), ao falar da Teoria Paradoxal da Mudança, disse que "[...] a mudança ocorre quando uma pessoa se torna o que é, não quando tenta converter-se no que não é".

No mundo contemporâneo, em que recebemos a todo momento mensagens pelos mais diversos meios de comunicação sobre como devemos ser (bonitos, sarados, ricos, inteligentes, glamourosos, elegantes, magros, culto, etc., etc., etc.) ser autêntico e verdadeiro não é tarefa fácil.

Tendemos mais a parecer do que a ser, e o próprio Buber aborda essa questão ao afirmar que, quando sou, posso me doar ao outro espontaneamente, sem me preocupar com a imagem que ele possa ter de mim. Já ao parecer, a preocupação recai sobre o que o outro possa pensar de mim, o que leva a gestos calculados para parecer espontâneo, sincero ou seja lá o que imagino que será alvo da aprovação do outro (Friedman, 1994, p. 121).

Diante desta realidade, eu me pergunto se o paciente que nos procura pode ter na relação com o terapeuta as características que mencionei há pouco: abertura, aceitação, presença, mutualidade, inclusão, confirmação.

Não creio que o paciente possa ter com o terapeuta uma relação dialógica, não lhe cabe, por exemplo, confirmar o terapeuta. Terapeutas que precisam de confirmação por parte do paciente na verdade estão sendo movidos por necessidades egossintônicas de natureza narcísica, buscando alguma gratificação ou buscando algum tipo de benefício, direto ou indireto, na relação com o paciente, o que considero indevido e até mesmo antiético. Não é o paciente que deve estar a serviço do terapeuta, e sim o terapeuta deve estar a serviço do paciente.

Também não me parece que o paciente deva (ou mesmo possa) praticar a inclusão, ou seja, respeitar a experiência do terapeuta, imaginando-a a partir do lugar em que ele a vive. Creio, novamente, que se isso ocorrer haverá uma inversão.

Buber (1979), na primeira página do livro *Eu e Tu*, afirma que "A palavra-princípio Eu-Tu só pode ser proferida pelo ser na sua totalidade". Embora não conheça o pensamento de Buber na profundidade que gostaria, entendo que o "ser na sua totalidade" refere-se a sermos nós mesmos, nos aceitarmos como somos com nossas competências e incompetências, com nossas habilidades e desabilidades, com nossa sabedoria e nossa ignorância, com nosso altruísmo e nosso egoísmo. Apossar-se disso tudo nos oferece o autossuporte necessário para sermos nós mesmos, sem precisar parecer o que não somos.

Anos atrás, escrevi um pequeno poema, que dizia:

Tentamos tanto na vida SER.
Recortamos pedaços...
Colamos retalhos...
Buscamos modelos...
Quebramos a cabeça...
Viramos mosaico.
E no entanto, o que é preciso
É coragem.
De SER,
O que somos.

A atitude dialógica do terapeuta, por meio da abertura, da presença, da inclusão e da confirmação, possibilita que o paciente tenha a experiência de existir e de ser aceito como é. É a experiência de não precisar parecer para ser aceito. Trata-se de uma experiência fundante.

Isto me remete a uma linda tradição de uma tribo africana. Quando um membro da tribo faz algo considerado errado ou prejudicial a alguém ou a alguma coisa, a pessoa é rodeada por toda a tribo, e ao longo de dois dias eles lhe lembram suas qualidades e dizem as coisas boas que ele já fez até então, visando, com isso, reconectá-lo com sua verdadeira natureza e lembrá-lo de quem ele verdadeiramente é. Esta tribo acredita que todo ser humano por natureza é bom. Usam a palavra *Sawabona* como cumprimento, significando "Eu te respeito, eu te valorizo. Você é importante para mim", e em resposta a esse cumprimento dizem *Shikoba*, que significa "Então eu existo para você".

Creio que a atitude dialógica por parte do terapeuta equivale à palavra *Sawabona* africana, e resulta em *Shikoba* para o paciente.

Segundo Beatriz Cardella (1994, p. 59):

> É através do estado amoroso que o terapeuta cria condições para que o cliente possa ouvir, ver, compreender, aceitar e amar a si mesmo.

Para Buber (1979, p. 13), "A palavra-princípio EU-TU só pode ser proferida pelo ser na sua totalidade". É somente quando eu me constituo como um EU para mim mesmo que posso almejar uma relação EU-TU. Isto é uma relação dialógica.

Como dito há pouco, para que uma pessoa se constitua como um Eu, é preciso que seja vista, aceita e confirmada em seu existir por um outro. O terapeuta, ao confirmar o paciente naquilo que ele é, possibilita que este se constitua em um Eu para si mesmo. Ao se constituir como um Eu para si, posso ser um Tu para ele e, então, é possível que a relação seja dialógica, havendo abertura, presença e mutualidade.

Segundo Buber (1979, p. 32), "o homem se torna EU na relação com o TU". Neste estágio da relação terapêutica, estamos nos aproximando do final da terapia. Estamos diante daquilo que, para mim, constitui um paradoxo: a relação terapêutica é a única relação cujo objetivo é a separação. Quando o paciente pode se apossar de sua humanidade, sendo o que é, isto lhe dá autossuporte, e ele então vivencia aquilo a que Perls (1951) se refere como sendo saúde: "Saúde é sentir-se em casa em qualquer lugar do mundo". Isto implica não apenas em nos apossarmos de nossas competências e eficiências, mas também de nossas incompetências e deficiências, pois assim podemos administrá-las. Se sei que não sei cozinhar, posso comer fora, comprar comida congelada, contratar alguém para cozinhar para mim ou aprender a cozinhar. Dessa forma, tenho a competência de administrar minha incompetência.

Um outro ponto que desejo abordar nesta apresentação tem a ver com aquilo que Buber chama de "momento de graça". Observo, com alguma frequência, um uso inadequado desta expressão no contexto da psicoterapia.

Nas palavras de Buber (1979, p. 12), "o TU encontra-se comigo por graça".

Como dito, Buber foi um filósofo judeu que se dedicou a refletir sobre a teologia judaica, e o TU ao qual se refere não equivale àquilo que comumente chamamos de VOCÊ. Em Buber, o TU diz respeito a uma vivência sagrada.

O título do livro originalmente publicado em alemão é *Ich und Du*, sendo que, nesta língua, existem duas palavras para a palavra "você": *Sie* e *Du*. A primeira é utilizada em relações pessoais mais formais ou distantes, enquanto Du é empregado em relações mais próximas e íntimas. A este respeito, uma curiosidade: meus pais eram alemães, e em casa praticamente só se falava alemão. Eu me referia a meus pais dizendo *Du*, e estranhei muito quando me dei conta de que, na língua portuguesa, a maioria das pessoas tratava os pais por *senhor* e *senhora*, o equivalente ao *Sie* em alemão. Eu me perguntava por que tanta formalidade numa relação tão próxima e íntima. Só depois percebi que era uma forma de sinalizar respeito... coisas da cultura...

Voltando ao *Du*... O título do livro em inglês é *I and Thou*, sendo que o termo *Thou* é utilizado quando se refere a alguma entidade religiosa, como Deus.

Entendo que o momento de graça citado por Buber tem a ver com o momento de encontro com o sagrado, o momento de comunhão (*com - união*). Trata-se de um encontro genuíno, verdadeiro, profundo e, talvez, até arrebatador em que se é tocado de forma intense. É um momento de transformação. O momento de graça não pode ser buscado: ele simplesmente acontece. Talvez seja aquilo que alguns chamam de momento de iluminação. .

Buber (1958a) esclarece que, no hassidismo judaico, não se distingue entre espaço profano e sagrado, tempo profano e sagrado, nem entre ações e vida profanas e sagradas, afirmando: "Em cada lugar, em cada hora, em cada ato, em cada fala, o sagrado pode florescer".

Embora alguns gestalt-terapeutas falem em momento de graça como se ele acontecesse com frequência, quase em toda sessão de psicoterapia, não acredito que isso de fato ocorra. Parece-me, inclusive, haver certa banalização daquilo que Buber denomina momento de graça.

Creio que nos meus 50 anos de prática clínica eu os vivenciei raramente...

Tive um paciente que havia se separado da esposa de forma extremamente dolorosa, em virtude de essa separação ter implicado também em um grande afastamento dos filhos, aos quais era profundamente ligado. Ao longo do processo terapêutico, falamos diversas vezes dessa situação e, em todas, ele se mostrou extremamente entristecido e preocupado. Ficar longe dos filhos era muito doloroso para ele. Com o passar do tempo, a relação com os filhos foi melhorando e, pouco a pouco, eles voltaram a ter proximidade. Um dia, durante uma sessão, quando ele falava de sua alegria em ter novamente os filhos próximos de si – na verdade, ainda mais próximos do que quando era casado –, eu disse que sua fala me lembrava a arte japonesa de restauração de porcelanas que se partiram. Referia-me ao *Kintsugi*, que restaura as peças destacando com ouro as fraturas e tornando o objeto uma obra de arte. Ele começou a chorar intensamente. Fiquei em silêncio. Ele também... e depois de um longo tempo em silêncio, disse: "Não precisa dizer nada, né?" e eu só respondi: "não". Ficamos em silêncio mais uns cinco minutos até acabar a sessão. Foi um silêncio profundo e intenso, em que estávamos atravessados e unidos pela emoção de um contato verdadeiro, uma comunhão. A este momento, sim, eu chamaria de encontro e momento de graça.

E por falar em silêncio... Para muitos terapeutas, particularmente os jovens terapeutas, o silêncio do paciente é um momento difícil de sustentar. No entanto, às vezes, é justamente nesses momentos que se faz necessária a presença envolvida e respeitosa do terapeuta. Quando o paciente está em silêncio, ele ainda está lá, e estar com ele nesses momentos é tão importante quanto estar com ele em outros momentos. Poder estar em silêncio com alguém é poder ser com alguém sem ter que fazer nada. Nesta situação, o silêncio é, por si só, confirmador.

Um último tópico que desejo abordar nesta apresentação refere-se à noção de empatia.

A palavra empatia vem do grego *empátheia*, que significa "entrar no sentimento".

Encontrei no dicionário do Google a seguinte definição de "empatia": "capacidade de se identificar com outra pessoa, de sentir o que ela sente, de querer o que ela quer, de apreender do modo como ela apreende etc."

Rogers e Kinget (1977, p. 104) a definem como a "capacidade de se colocar verdadeiramente no lugar do outro, de ver o mundo como ele o vê".

Feldman (2006, p. 70), por sua vez, a define como sendo:

> [...] a capacidade de compreender o outro quando nos colocamos em seu lugar e percebemos sua experiência de seu lugar – seus pensamentos, seus sentimentos e como os comunica.

Tenho refletido, ultimamente, se é possível realmente colocar-se no lugar do outro e perceber sua experiência tal como ele a vivencia.

Em Gestalt-psicologia e também em Gestalt-terapia, falamos em figura e fundo. A figura é o elemento que mais chama a nossa atenção, aquilo que se destaca de forma mais nítida, enquanto o fundo corresponde ao que está em segundo plano. Dependendo do fundo, uma mesma figura pode adquirir significados diferentes. Por exemplo: a água, se eu estiver com sede, significa a possibilidade de matar minha sede; diante do fogo, a mesma água assume outro sentido – o de apagá-lo. Ou seja, o que dá sentido à figura é a relação figura/fundo. Isso significa que um mesmo evento, vivenciado por pessoas diferentes, pode ter significados completamente distintos para cada uma delas.

No contexto da psicoterapia, entendo que o fundo seja constituído pela história, pelas experiências, pelos relacionamentos do paciente. A partir desta perspectiva, creio não ser possível, por mais que eu me esforce, colocar-me no lugar do outro e perceber sua experiência tal como ele a experiencia.

No entanto, creio que temos em Gestalt-terapia um instrumento que nos possibilita conhecer a experiência do paciente tal como é vivida por ele. Refiro-me ao método fenomenológico, por meio do qual buscamos chegar "à coisa mesma", que, no caso da clínica, é a experiência do paciente tal como vivida por ele. Para isso, é necessário colocarmos entre parênteses julgamentos, avaliações e nossas próprias experiências, que possam ter sido semelhantes às do paciente, já que, dado o fundo diferente que temos, podem ter um significado completamente diferente. Um exemplo disso são os mal-entendidos – ou seja, compreensões divergentes diante de uma mesma situação. Essa diferença de entendimento decorre do fato de nossas experiências se configurarem a partir de fundos diferentes.

"Graça" em Buber é a capacidade de entrar em relação verdadeira com o outro, algo que não se conquista, mas é dado. E esse encontro, seja com o outro ser humano ou com o próprio Deus, é onde a graça se manifesta como um poder transformador e redentor.

Graça não é apenas uma qualidade moral ou espiritual, mas está intimamente ligada à experiência do "Encontro" (ou "Diálogo") genuíno, que ele descreve em sua obra mais famosa, Eu e Tu.

A graça se manifesta neste contexto como um dom inesperado e gratuito, que vem da experiência de ser tocado pelo outro de maneira tão profunda que a pessoa se sente transformada. Buber fala que a graça pode se revelar no momento do "Encontro", em que há uma abertura para algo que transcende o ego, uma experiência que não pode ser controlada nem buscada diretamente. Ela acontece no fluxo da relação "Eu-Tu", como algo que ilumina o ser humano e o conecta com o divino e com o próximo de maneira não calculada, mas sim por pura abertura à presença do outro.

Referências

BEISSER, Arnold R. A Teoria Paradoxal da Mudança. In: FAGAN, Joen; SHEPHERD, Irma L. *Gestalt-terapia:* teoria, técnicas e aplicações. Rio de Janeiro: Editora Zahar, 1970, p. 110-114.

BUBER, Martin. *Hassidism and modern man*. New York: Harper & Row Publishers, 1958a.

BUBER, Martin. *Eu e Tu*. São Paulo: Cortez e Moraes, 1979.

CARDELLA, Beatriz H. P. *O amor na relação terapêutica*: uma visão gestáltica. São Paulo: Summus Editorial, 1994.

FELDMAN, Clara. *Encontro*: uma abordagem humanista. Belo Horizonte: Editora Crescer, 2006.

FRAZÃO, Lilian M. Reflexões sobre relação dialógica. In: ENCONTRO NACIONAL DE GESTALT-TERAPIA, 7.; CONGRESSO NACIONAL DA ABORDAGEM GESTÁLTICA, 4., 1999, Goiânia. Conferência de abertura [...]. Goiânia: [s. n.], 1999.

FRIEDMAN, Maurice S. *The healing dialogue in psychotherapy*. New Jersey: Jason Aronson Inc., 1994.

PERLS, Fritz; HEFFERLINE, Ralph; GOODMAN, Paul. *Gestalt Therapy*: Excitement and Growth in the Human Personality. New York: Dell Publishing, 1951.

RODRIGUES, Arnaldo. *Psicologia Social*. Rio de Janeiro: Editora Vozes, 1972.

ROGERS, Carl R.; KINGET, G. Marian. *Psicoterapia & Relações Humanas*. Belo Horizonte: Interlivros, 1977.

YONTEF, Gary M. *Awareness, dialogue and process*: Essays on Gestalt Therapy. New York: The Gestalt Journal Press, 1993.

10

Inquietações e reflexões sobre atendimento psicológico *on-line*

Paulo Eduardo Rodrigues Alves Evangelista

Antes de ingressar na Universidade Federal de Minas Gerais (UFMG), trabalhei como psicoterapeuta em consultório particular por 18 anos. Tive alguns consultórios, todos eles organizados e decorados de modo que me deixasse à vontade e propiciasse isso para os pacientes. Eu cuidava com zelo do posicionamento das poltronas, do divã, da iluminação, da ventilação e da decoração, pensando em como os pacientes iriam se sentir.

Quando um paciente chegava, eu prestava atenção em como se movia pelo espaço, como se sentava na cadeira, onde deixava sua bolsa. Prestava especial atenção ao seu rosto quando me encontrava e como apertava minha mão. Lembrava-me de May (1982), indicando que se pode descobrir muito sobre uma pessoa com base em seu aperto de mão:

> O modo de *apertar as mãos* há muito é considerado como uma expressão significativa de atitude e caráter. O aperto de mão "sem

> graça", em que a mão é retirada imediatamente, é quase como se o indivíduo dissesse: "não tenho vontade de conhecê-lo". Essa pessoa pode agir timidamente em relação a todas as outras, ou pode simplesmente estar com medo dessa entrevista específica. O aperto de mão forte e másculo, em que a pessoa agarra a mão da outra como se fosse um torno e a sacode entusiasticamente, como que para causar a impressão de que é um descendente direto de uma estirpe de pioneiros vigorosas, pode ser meramente o esforço de compensar um profundo sentimento de inferioridade. O aperto de mão é um símbolo de união entre pessoas e é um sinal de personalidade saudável, quando expressa simpatia sincera, interesse pela pessoa e desprendimento (May, 1982, p. 90).

Antes da Pandemia de Covid-19, que obrigou todos os psicoterapeutas a migrarem para consultórios virtuais, assisti colegas abrindo exceções para atendimentos *on-line*. Explicavam que o paciente que já estava em processo havia se mudado para uma cidade distante; outros moravam em cidades ou países onde não encontravam um psicoterapeuta que os atendesse. Minha posição em situações semelhantes sempre foi a de que, se o paciente se mudasse para outro lugar, deveria encontrar um psicoterapeuta na nova cidade. Quando regressasse, seria recebido de portas abertas. E se viesse a passeio e quisesse me procurar para conversar sobre como estava a vida, também seria bem-vindo. Sempre pensei que no fundo da decisão de continuar como psicoterapeuta de um paciente se mudando havia um sentimento de onipotência, de que só "eu" poderia ser um bom psicoterapeuta para este paciente.

Quando ingressei na UFMG, fechei meu consultório para me dedicar à docência. Desde então, e principalmente durante a pandemia, realizei alguns atendimentos psicológicos pontuais: ex-pacientes que me procuraram aflitos diante da nova situação pandêmica e atendimentos de aconselhamento psicológico vinculados ao projeto de extensão que eu coordenava.

Mas assisti, com inegável assombro, colegas com vasta experiência como psicoterapeutas presenciais não retornando aos seus consultórios quando a pandemia foi controlada. Alguns me explicaram que "o *on-line* funciona", e escolheram permanecer assim. Outros disseram que quiseram voltar, mas os pacientes recusaram, entendendo que estavam satisfeitos com o atendimento *on-line*, que gastavam muito tempo de deslocamento, que ganhavam tempo de trabalho ou em casa etc., isto é, que psicoterapia *on-line* lhes era mais cômoda que presencial. Neste caso, apesar de desejarem retornar ao consultório presencial, não puderam, pois seus pacientes não os acompanharam nesse retorno.

Assim, as inquietações e reflexões que apresento aqui não partem de minha experiência como psicoterapeuta – eu nunca fui psicoterapeuta *on-line*. Outrossim, isso significa que não fui obrigado, como tantos colegas, a migrar meus atendimentos para o *on-line* assim que a pandemia de

Covid-19 obrigou a todos ao isolamento, como modo de seguir realizando o cuidado psicoterapêutico com eles e mantendo meu sustento dessa forma.

Uma limitação das considerações a seguir é, portanto, não serem hauridas da experiência vivida de ser psicoterapeuta *on-line*. Por esse mesmo motivo, talvez eu tenha uma liberdade maior do que a dos profissionais que não tiveram outra opção senão manter-se atendendo *on-line* para garantir seu sustento.

Aporte teórico

As inquietações são também instigadas por análises da contemporaneidade realizadas por Heidegger, Bauman e Han. Heidegger (2007) nomeia nossa época de Era da Técnica, pela qual toda a realidade aparece como disponível para o uso, inclusive o humano. Nesse contexto:

> o homem está tão decididamente empenhado na busca do que a com-posição (*Gestell*) provoca e ex-plora, que já não a toma, como um apelo, e nem se sente atingido pela ex-ploração (Heidegger, 2007, p. 30).

Isto é, tão fascinado está pela possibilidade de usar tudo o que está disponível, que não se dá conta de que também está assim determinado.

Bauman (2011) analisa a contemporaneidade sob o ponto de vista da maleabilidade e rapidez das transformações e da efemeridade das relações. Nomeia a sociedade contemporânea de "líquida", em contraposição à solidez do mundo passado, estável e resistente a mudanças. Na Modernidade Líquida:

> Os fluidos, por assim dizer, não fixam o espaço nem prendem o tempo. Enquanto os sólidos têm dimensões espaciais claras, mas neutralizam o impacto e, portanto, diminuem a significação do tempo (resistem efetivamente a seu fluxo ou o tornam irrelevante), os fluidos não se atêm muito a qualquer forma e estão constantemente prontos (e propensos) a mudá-la; assim, para eles, o que conta é o tempo, mais do que o espaço que lhes toca ocupar; espaço que, afinal, preenchem apenas "por um momento (Bauman, 2011, p. 2).

Byung-Chul Han se apoia nos filósofos mencionados para analisar a sociedade contemporânea como "do cansaço" (2017a), "da transparência" (2017b), "paliativa" (2021a). Neste contexto, as existências se usam e exploram uns aos outros com o objetivo de produzir e produzirem-se o máximo possível, até a exaustão. Sob o mote da transparência, tudo é transformado em informação, o que acelera o processamento e a produção, visando a propiciar uma produtividade cada vez maior e mais eficiente. A comunicação humana reduz-se à troca de informações; as relações tornam-se explorações mútuas, facilmente substituídas quando exauridas. Nesse contexto, não há tolerância à frustração, à dor ou a qualquer acontecimento que interrompa a eficiente produtividade.

Algumas implicações deste contexto epocal para

a psicoterapia já foram indicadas em escritos anteriores. Em Santos e Evangelista (2023), discutimos como a exposição promovida pelas redes sociais e aplicativos de relacionamento modificou a vinculação de parceiros amorosos; aumentou a objetificação, o consumismo e a rápida substituição de parceiros amorosos. Hipotetizamos que poderia ter o mesmo efeito na vinculação psicoterapêutica. No artigo de Robes *et al.* (2023), discutimos a "*marketização*" da psicologia nas redes sociais, em resposta à cultura consumista contemporânea, que exige que os psicólogos se vendam como produtos *on-line*.

A exposição dos psicoterapeutas em redes sociais para angariar novos pacientes poderia produzir a distorção de que os psicoterapeutas que vendem melhor as suas imagens recebem mais pacientes. Com base em análise de perfis de psicoterapeutas no Instagram, Ferreira *et al.* (2023) alertaram para a mercantilização do cuidado psicológico promovido pelas redes sociais. Tais perfis, que podem ser paradigmáticos do modo contemporâneo de promoção de saúde mental, tornam superficiais temas psicológicos profundos, desconsideram as singularidades e as peculiaridades da experiência individual para vender uma imagem de eficiência psicoterápica e organizam-se visando ao engajamento na própria rede social, isto é, à monetização do criador dos conteúdos. Cumpre lembrar que o que está em questão aqui é a autoexposição e a autopromoção, tão habituais na Sociedade do Cansaço (Han, 2017a), que afeta principalmente psicoterapeutas que iniciaram sua prática profissional a partir dos anos 2000. Conforme mostra Figueiredo (2025), psicoterapeutas do século passado são mais resistentes para utilizar as redes sociais para a autopromoção por considerarem esse comportamento propagandístico estranho a essa prática profissional.

Vínculo terapêutico e eficácia

Nas pesquisas com pessoas atendidas em aconselhamento psicológico (Evangelista *et al.*, 2023), um comentário comum das que já haviam feito psicoterapia presencial era algo como "não é a mesma coisa, mas funciona". Essa expressão é a mesma que tenho ouvido de colegas que migraram do presencial para o *on-line*. E é justamente essa diferença que é difícil de apreender.

Pesquisas que comparam psicoterapia presencial (chamada de "face a face" na literatura) e *on-line* tendem a analisar dois aspectos: vínculo terapêutico (ou aliança terapêutica) e eficácia. A aliança terapêutica pode ser definida como "a relação de colaboração mútua, marcada por concordâncias entre terapeuta e paciente e constituída por três componentes interdependentes: objetivos, tarefas e vínculo" (Singulane; Sartes, 2021), mas não há consenso em torno de uma definição precisa nem de como mensurá-la. Por exemplo, Saxler *et al.* (2024) mapearam 48 instrumentos diferentes para avaliar a aliança terapêutica. Um dos resultados desta pesquisa é a demonstração do quanto esse conceito não tem uma definição compartilhada, o que dificulta sua operacionalização. Disto segue que algumas pesquisas indicam que a correlação entre aliança terapêutica e sucesso psicoterápico são semelhantes em psicoterapias presenciais e *on-line*, ao passo que outras mostram diferenças e são favoráveis às presenciais. O resultado depende do instrumento, que, por sua vez, depende da definição utilizada.

A eficácia terapêutica também é problemática. Conforme pontuam Zuanazzi *et al.* (2021, p. 2), pesquisas que avaliam a eficácia possibilitam a escolha das

> [...] melhores opções terapêuticas, em termos de eficácia e eficiência, prezando pela ética no trato com pacientes, possibilitando o atendimento de um maior contingente de pessoas e diminuindo os custos, uma vez que tratamentos não eficazes resultam em prejuízos financeiros e de tempo, e requerem muita energia por parte de terapeutas e clientes.

Feijó *et al.* (2021), em revisão de escopo de 2012 a 2018, apontam que este modelo de pesquisa de eficácia está dirigido ao tratamento de psicodiagnósticos específicos, com intervenções de curta duração e avaliando a intervenção psicoterápica como se fosse independente do psicoterapeuta, o que corresponde à compreensão que as terapias cognitivo-comportamentais têm da psicoterapia. Seria importante avaliar a produção científica após este período, dado que a pandemia obrigou os psicoterapeutas a migrarem seus consultórios para a tela, e pesquisas surgiram a partir disso. Em comparação, nas abordagens fenomenológicas e existenciais, o psicoterapeuta é parte muito importante do processo psicoterápico, e a especificação de um grupo psicopatológico para a intervenção não costuma orientar o processo.

Todos os trabalhos mediram os resultados do

tratamento por meio de escalas de autorrelato que avaliavam sintomas específicos da condição clínica para a qual a intervenção estava destinada. Raros trabalhos descreviam as características dos grupos-controle e o treinamento dos psicoterapeutas. Das características dos estudos revisados, esta última talvez seja a principal limitação, pois se avalia a terapia como se ela fosse independente do terapeuta e produzisse efeito *per se*. Por fim, somente foi localizado um estudo utilizando videoconferência e em modelo de psicoterapia psicodinâmica, o que reforça a necessidade de investigação nessa abordagem teórica.

Carl Rogers (1973) já chamava a atenção para o fato de termos dois métodos científicos para avaliar a eficácia. Um, impossível, exigiria a comparação da mesma pessoa tendo e não tendo passado por terapia. O outro seria comparando com o grupo-controle: um grupo de participantes faz terapia, o outro não faz – aí se compara os resultados. Esse é o método que segue sendo aplicado até hoje para comprovar a eficácia – o tal do "funciona" – da terapia. A Psicologia criou mais instrumentos de avaliação, e pode aplicar vários testes antes e depois da terapia para averiguar a eficácia. Zuanazzi *et al.* (2021) mapearam 114 diferentes instrumentos e técnicas para avaliar a eficácia psicoterapêutica.

Chamo a atenção para o fato de que esse método tem sido o privilegiado pelas abordagens comportamentais, que são as mais afins à medicina e às ciências naturais. São muitas as pesquisas dessa natureza que medem a eficácia da psicoterapia para populações específicas: pessoas diagnosticadas com ansiedade, uso de substâncias etc. Assim, essas abordagens psicoterápicas têm conseguido provar que são eficazes no tratamento de várias psicopatologias e estão dizendo que são o "padrão ouro", deixando implícito que aquelas que não mensuram a eficácia seguindo método semelhante são menos científicas e menos eficazes.

Cumpre ainda lembrar que esse método de pesquisa da eficácia psicoterápica é aplicado em psicoterapias com prazo determinado. Ou seja, mede-se a eficácia após 10 sessões, 20 sessões etc. Já as psicoterapias fenomenológicas e existenciais não costumam ter duração fixada de antemão, sendo o processo o determinante do término. Recorrendo ao artigo de Feijó *et al.* (2021, p. 10) para ilustração, constatamos na revisão de literatura que, dos 16 artigos sobre a eficácia da psicoterapia *on-line*, 13 eram na abordagem cognitivo-comportamental, "vinculadas à modificação de pensamentos e comportamentos distorcidos e disfuncionais utilizando técnicas de psicoeducação e tarefas práticas".

A predominância das terapias cognitivo-comportamentais nas pesquisas de eficácia tem consequências políticas. Planos de saúde e serviços de saúde públicos podem privilegiar métodos psicoterápicos que têm eficácia comprovada, resultando em maior eficiência na utilização de recursos públicos. Se, do ponto de vista da administração pública, essa situação faz sentido, por outro, leva ao estrangulamento de modalidades psicoterápicas. E as abordagens fenomenológicas e existenciais já sofrem com estrangulamento nas universidades, dado que a maioria dos psicólogos que seguem nelas se dedicam à clínica, ficando poucos no campo da pesquisa. A consequência disso é que se formam poucos doutores e pesquisadores, e essas abordagens perdem espaço na academia. Sendo assim, menos estudantes as conhecem e as descobrem como abordagens possíveis (Wertz, 1998; Evangelista, 2025).

À luz desse contexto, Santos (2025) demonstrou como o início da vida profissional de um psicoterapeuta fenomenológico-existencial é mais difícil do que de um psicanalista ou comportamental. Estas abordagens psicoterápicas são mais conhecidas pelo público e tendem a ser mais escolhidas. Quanto ao psicoterapeuta, terá mais dificuldade para encontrar centros de formação e grupos de pertinência.

Se as psicoterapias fenomenológicas e existenciais não medem sua eficácia por meio de escalas antes e depois do processo psicoterápico, elas não são científicas? Eu diria o contrário: somos mais científicos do que as psicologias que não refletem sobre a natureza humana e a epistemologia. É o que Boss (1963, p. 29) propõe ao afirmar:

> Se o pensamento daseinsanalítico realmente se aproximar mais da realidade humana do que o pensamento das ciências naturais, conseguirá nos dar algo que até o momento não encontramos na teoria psicanalítica: um entendimento sobre o que estamos realmente fazendo (e por que nós fazemos deste modo específico) quando tratamos um paciente psicanaliticamente; tal entendimento sendo

> baseado em intuições da essência do ser humano. Um entendimento mais aprofundado de nossas práticas só pode trazer efeitos benéficos a elas.

Mas o problema é: como avaliar a "eficácia" da terapia? A terapia acontece no momento da intervenção, do encontro terapeuta-cliente? Ou acontece para além disso?

Estar em psicoterapia é mais do que estar em sessões psicoterápicas

Eu penso que faz parte da terapia o ato de ir à sessão, que dura dezenas de minutos, às vezes mais, durante os quais já vamos entrando em contato conosco mesmos, revisitando o que vivi, imaginei e sonhei nos últimos tempos, preparando-me para o momento em que me encontrarei com meu terapeuta – e comigo. Este tempo – que pode ser entendido como um ritual de passagem da ocupação cotidiana para o encontro íntimo comigo mesmo e meu terapeuta – facilmente desaparece na terapia *on-line*, pois posso estar fazendo outras coisas até o momento derradeiro da sessão.

Com a possibilidade de agendamento automático pelas plataformas de comunicação, torna-se habitual que o psicoterapeuta assuma a função de entrar em contato com o paciente. Nestes casos, o paciente pode ser surpreendido com uma chamada para a psicoterapia. Se, por um lado, é oportunidade de encontrar o paciente sem "se montar" para a sessão, por outro, pode-se encontrá-lo mais alheio a si mesmo, mais espalhado nas demandas cotidianas, menos presente.

O mesmo eu penso sobre o término da sessão. Os momentos após a sessão são importantes para reverberações e reflexões. Muitas vezes, ouvi de pacientes que, ao longo da semana, dias depois da sessão, caíam fichas, percebiam novos aspectos de si mesmos, tomavam decisões que atribuíam ao processo psicoterápico. Esses momentos de trânsito espaço-temporal da sessão para a vida cotidiana também correm o risco de serem perdidos na psicoterapia *on-line*, que acontece na mesma plataforma em que se está conectado com o WhatsApp, navegando na internet etc. e com as solicitações cotidianas.

Groth (2023) lembra que Freud abriu um consultório particular em casa, como era a prática na época. Assim, um paciente que chegava para a sessão subia as escadas e, às vezes, sentia o cheiro da comida sendo preparada na cozinha, ouvia os barulhos da casa, antes de adentrar o espaço da terapia e se abrir aos âmbitos cotidianamente velados de sua própria vida.

> No estudo de Freud, havia o cheiro de comida sendo preparada em outro lugar do apartamento do médico, o odor onipresente e acre da fumaça do charuto e o cheiro pesado de mofo dos tecidos e estofados vitorianos. Os odores produzidos pelo corpo do paciente – o hálito azedo exalado por um dispéptico ou a doçura da acetona vazando pelos poros de um paciente diabético – eram sobrepujados pelos cheiros de tabaco queimado, salsichas ferventes

> e da pelagem de seu chow-chow. Subindo as escadas de mármore para o apartamento de Freud, um analisando poderia muito bem estar visitando um parente ou seu advogado. Ela estava entrando em um consultório, não em um hospital ou dispensário (Groth, 2023, p. 108-109).

Findada essa experiência, descia as mesmas escadas, observava os mesmos traços de vida doméstica, transicionando espaço-temporalmente para encontrar a rua e seus agitos. A sessão psicoterápica era como uma suspensão – um parêntese – no cotidiano. Isso é muito mais difícil na psicoterapia *on-line*. A vida digital acaba com os rituais (Han, 2021b), e vivemos numa torrente de tarefas que se sucedem umas às outras, sem fins nem começos.

Ainda sobre os fins das sessões, criou-se na ortodoxia clínica uma preocupação com o sigilo dos pacientes. Alguns terapeutas planejavam seus consultórios com vistas a que o paciente de saída não encontre o que espera atendimento. A psicanálise teceu interessantes considerações sobre a importância de o paciente se sentir único para o seu psicoterapeuta. Com o advento dos celulares, surgiu a possibilidade de as sessões serem gravadas pelos pacientes. Com a psicoterapia na tela, a sessão toda pode ser gravada, cortada, compartilhada, replicada. Isso obriga a psicoterapia a introduzir mais um elemento no contrato terapêutico: não gravar as sessões. Mas, se antes, havia essa preocupação de os pacientes não se encontrarem, o que pensar daqueles que postam no

Instagram fotos da sessão elogiando seus psicoterapeutas? E os psicoterapeutas compartilham essas fotos em suas próprias redes sociais, mostrando seu paciente para seus seguidores.

Calligaris (2004) dizia que ser psicoterapeuta é para aqueles que não dependem de reconhecimento. Que a boa psicoterapia – a verdadeiramente eficaz – é aquela que acontece de tal modo que o cliente se esquece que passou por ela e não credita ao terapeuta a sua transformação. A midiatização já criou as condições (e exigências, em alguns casos) para o oposto: o reconhecimento público do psicoterapeuta com corações e *likes*. Em plataformas de agenciamento de psicoterapeutas, os perfis trazem comentários dos clientes e notas de avaliação. É uma mudança radical na psicoterapia.

Mas voltando ao tema da avaliação da eficácia da terapia, também podemos questionar se é imediatamente após a intervenção que se avalia seus efeitos. Assim como podem ocorrer entre sessões, efeitos da terapia podem levar anos para se manifestarem. Para os comportamentais, é uma pesquisa simples: como a pessoa estava antes do início do processo e como está agora. Nas abordagens fenomenológicas e existenciais, deveria ser assim a mensuração da contribuição da psicoterapia? É mudança de comportamento imediatamente verificável que se busca?

A psicoterapia *on-line* reduziu todos esses elementos em torno da sessão terapêutica ao encontro *virtual*. Isso pode ser suficiente para a psicoterapia. Rehfeld (2021) levanta importantes considerações sobre isso. Para ele, a eliminação do consultório exigida pela pandemia "reduz a psicoterapia ao essencial" (p. 110):

> A situação *on-line* é muito interessante. Por um lado, nós temos reduzidas as nossas capacidades de sensibilidade quando estamos em uma telinha. Ao mesmo tempo, entramos na casa das pessoas, vemos o que está pendurado na parede. Há uma intimidade ao entrar no quarto de alguém (Rehfeld, 2021, p. 104).

Mas a relação virtual é impeditiva do encontro "olho no olho", dado que, para parecer que se olho diretamente nos olhos do outro, precisa-se olhar para a câmera, perdendo o foco nos olhos do outro. Ela retém a comunicação de ideias do diálogo humano, mas não é como se encontrar presencialmente com o outro. A diferença está na ausência do corpo e da comunicação corporal que ocorre quando as pessoas estão fisicamente umas com as outras. Assim como o aperto de mão expressa elementos do outro e da relação estabelecida, os corpos interagem juntamente com a comunicação verbal.

Corporeidade e psicoterapia

Refiro-me, pois, à dimensão corporal da existência, aquilo que a fenomenologia de Heidegger (Boss; Heidegger, 2009) chama de "corporeidade" e que está, embora de modo diferente, presente na Gestalt-terapia desde o princípio. Perls (1977; 1988) chamava a atenção para que a psicoterapia não se reduzisse ao falatório, mas incluísse o corpo em ação na sessão, por meio de experimentos corporais que promovessem awareness do que se dava no aqui-agora. Em suas palavras, "a terapia gestáltica é uma terapia experiencial, mais que uma terapia verbal ou interpretativa" (1988, p. 76). Dessa forma, forneceu elementos importantes para se pensar o organismo humano em sua totalidade (Perls, 1977). Chamou a atenção para o paralelismo psicofísico, que permitia que se trabalhasse em terapia tanto pelo diálogo (psico) quanto pelo corpo (físico). Um dos autores que o influenciou nessa direção foi Reich (2004; 2020), que colocou o corpo de volta na psicanálise e desenvolveu uma teoria sobre como as neuroses se manifestam corporalmente.

A fenomenologia trouxe importantes contribuições para se pensar a importância do corpo vivido. Por exemplo, Fuchs (2016) tem trabalhado com o conceito fenomenológico de "intercorporeidade". Trata-se da comunicação que se dá diretamente entre corpos, de modo não verbal, e que subsidia nossa situação em mundos compartilhados. Ele relaciona intercorporeidade com interafetividade, no sentido de que os sentimentos não estão dentro de nós, mas entre nós, afinando-nos mutuamente. Para ele, no contato presencial com alguém, vejo e ressoo com suas emoções. Isso facilita que eu me coloque no lugar do outro, sentindo em meu próprio corpo aquilo que a situação, apresentada em sua fala e na ressonância corporal, desperta. Não é incomum que um psicoterapeuta perceba sensações corporais enquanto o paciente relata algo e, ao comunicar isso, o paciente reconheça estar vivenciando a mesma sensação.

Segundo Fuchs (2014, p. 163), "quanto mais a comunicação corporal diminui, mais importante se torna o papel dos componentes virtuais ou imaginativos da empatia". Uma consequência possível disto é que psicoterapeutas experientes, que realizaram muitos atendimentos presenciais, têm mais capacidade de preencher as lacunas na comunicação. Já os mais novos, mais habituados aos atendimentos *on-line*, privilegiaram as dimensões cognitivas da relação psicoterapêutica, em detrimento das afetivas e relacionais.

Em outra pesquisa, Fuchs (2016) destaca o que ele chama de "comunicação desincorporada" (*disembodied communication*). Em razão da ausência da comunicação não verbal, deve-se compensar cognitivamente. É como se se deduzisse o que o paciente está sentindo. Ou, no caso de o psicoterapeuta experimentar sensações e sentimentos durante o atendimento, seria como se eles não brotassem do encontro intersubjetivo e interafetivo. Seriam, pois, autorreferenciais. Ele os chama de "emoções-fantasma" (*phantom emotions*). A intimidade que se sente nos encontros virtuais, desincorporados, é, para esse autor, uma "pseudointimidade" (Fuchs, 2016, p. 168).

Na psicoterapia presencial, ocorrem comunicações verbal e não verbal. A intercorporeidade e a intersubjetividade são fundamentais para experiências fundamentais da relação psicoterapêutica. Na *Daseinsanalyse*, por exemplo, há uma dimensão cognitiva de desvelamento de sentido, mas a principal é a dimensão pática (de *pathos*, afetos), afetiva. Segundo Boss

(1963), ela teria sido descoberta por Freud e nomeada equivocadamente de "transferência". O que está em jogo na relação psicoterapêutica é a possibilidade de experimentar modos de ser-com o outro que não foram experienciados anteriormente na vida do paciente. Notadamente, é a relação humana de confiança que autentica a existência do outro e dá bases para a confiança em ser, isto é, a aceitação da condição humana de ser uma abertura extática a ser. É o que Sapienza (2007) nomeia "Do Desabrigo à Confiança". Em outras palavras, é a relação de confiança que sustenta a coragem de assumir possibilidades existenciais, mesmo quando elas colocam em risco a autoimagem identitária ou parecem ameaçar a existência.

Ainda precisamos de um tempo para avaliar o impacto das mães olharem para o celular ao invés de seus bebês e filhos. A troca de olhares mãe-bebê é um modo de autenticação mútua (Groth, 2023). Milhano (2022) tem ressaltado o que ele chama de "contrapartidas existenciais": ao se explorar o mundo disponível na palma da mão, por meio do smartphone, deixa-se de estabelecer relação com o que está ao redor. Como serão essas pessoas criadas desde o berço sem trocas de olhares "olho no olho"? Encontrarão outras relações autentificadoras? Conseguirão sustentar a entrega a tais relações? Terão que esperar psicoterapeutas que se coloquem cognitiva, afetivamente e corporalmente com eles para vivenciarem confiança, acolhimento e cuidado?

Considerações finais

Embora a palavra possa oferecer contornos, a boa intervenção psicoterapêutica pode levar a sensações de acolhimento e proteção. Essas sensações corpóreas têm muito mais oportunidade de acontecer quando os corpos estão em relação intercorpórea e intersubjetiva. Trata-se de experiências sensoriais muito difíceis de apreender e que não são fabricadas intelectualmente – mas são o fundamento de novos modos de existir no mundo.

Devemos tomar cuidado ao seguir nas psicoterapias *on-line* dizendo que "não são a mesma coisa, mas funcionam". Já está estabelecido pela literatura científica que funcionam, mas ainda não temos clareza de como se dão e de como acontecem as relações *on-line*. Como psicoterapeutas, temos a responsabilidade de zelar pela relação e pelas condições de transformação pessoal buscadas em psicoterapia.

Referências

BAUMAN, Zygmunt. *Modernidade líquida*. Edição eletrônica. Rio de Janeiro: Jorge Zahar Editor, 2011.

BOSS, Medard. *Psychoanalysis & Daseinsanalysis*. Tradução de L. B. Lefebre. New York; London: Basic Books, Inc. Publishers, 1963.

BOSS, Medard; HEIDEGGER, Martin. *Os seminários de Zollikon* – Protocolos, diálogos, cartas. Petrópolis: Vozes, 2009. [1987]

CALLIGARIS, Contardo. *Cartas a um jovem terapeuta* – Reflexões para psicoterapeutas, aspirantes e curiosos. 4. ed. Rio de Janeiro: Elsevier, 2004.

EVANGELISTA, Paulo E. R. A.; CARVALHO, Gabriel H. S.; VIANA, Gabriela M. L.; CARDOSO, Claudia L. A experiência de ser atendido em aconselhamento psicológico *on-line*: as perspectivas dos clientes. In: EVANGELISTA, Paulo E. R. A.; CARDOSO, Claudia L.; GIOVANETTI, José P. (orgs.). *Sofrimento existencial e clínica psicológica fenomenológica*: ensaios e pesquisas sobre atendimento *on-line*. Belo Horizonte: Artesã, 2023, p. 335-377.

EVANGELISTA, Paulo E. R. A. Apresentação do livro e da pesquisa. In: EVANGELISTA, Paulo E. R. A.; PIMENTA, Luiza K. R. (orgs.). *Memória viva da psicologia humanista*. Independently Published – Amazon Direct Publishing, 2025.

FEIJÓ, Luan P. *et al.* Indícios de eficácia dos tratamentos psicoterápicos pela internet: revisão sistemática. *Gerais*: Revista Interinstitucional de Psicologia, v. 14, spe, p. 1-25, 2021.

FERREIRA, Eduarda M. *et al.* "Instagramação" da psicologia: a mercantilização do cuidado. In: SOARES, Laura C. E. C.; LIMA, Nádia L.; EVANGELISTA, Paulo E. R. A. (orgs.). *Aproximações da psicologia com o pensamento de Byung-Chul Han*: abordagens fenomenológicas, sociais e psicanalíticas. Rio de Janeiro: Via Verita, 2023, p. 138-156. [Livro eletrônico]

FIGUEIREDO, Paulo C. *A entrada da tecnologia na prática profissional de psicoterapeutas*: narrativas históricas. Dissertação (Mestrado em Psicologia), Programa de Pós-graduação em Psicologia – Universidade Federal de Minas Gerais, Belo Horizonte, 2025.

FUCHS, Thomas. The virtual other: empathy in the age of virtuality. *Journal of Consciousness Studies*, v. 21, n. 5-6, p. 152-173, 2014.

FUCHS, Thomas. Intercorporeality and interaffectivity. In: MEYER, Christian; STREECK, Jürgen; JORDAN, J. Scott (eds.). *Intercorporeality*: emerging socialities in interaction. Oxford: Oxford University Press, 2016.

GROTH, Miles. A autenticidade na Análise Existencial. In: *Por que não, afinal?* – Uma introdução à Daseinsanalyse. Belo Horizonte: Artesã, 2023, p. 107-140.

HAN, Byung-Chul. *Sociedade do cansaço*. 2. ed. Petrópolis: Vozes, 2017a.

HAN, Byung-Chul. *Sociedade da transparência*. Petrópolis: Vozes, 2017b.

HAN, Byung-Chul. *Sociedade paliativa*: a dor hoje. Petrópolis: Vozes, 2021a.

HAN, Byung-Chul. *O desaparecimento dos rituais*: uma topologia do presente. Petrópolis: Vozes, 2021b.

HEIDEGGER, Martin. A questão da técnica. Tradução de M. A. Werle. *Scientiae Studia*, v. 5, n. 3, p. 375-398, 2007.

MAY, Rollo. *A arte do aconselhamento psicológico*. 4. ed. Petrópolis: Vozes, 1982.

MILHANO, Ângelo N. Imagem, existência e autenticidade no contexto dos social media: uma reflexão hermenêutico-fenomenológica. *Trans/Form/Ação*, v. 44, special issue 1, p. 231-250, 2022.

PERLS, Frederick. *Gestalt-terapia explicada* (Coleção Novas Buscas em Psicoterapia, V. 2). São Paulo: Summus Editorial, 1977.

PERLS, Frederick. *A Abordagem Gestáltica e Testemunha Ocular da Terapia.* 2ª ed. Rio de Janeiro: LTC, 1988. [1973]

REHFELD, Ari. Considerações acerca da prática psicoterápica *on-line*. In: EVANGELISTA, Paulo E. R. A.; CARDOSO, Claudia L.; GIOVANETTI, José P. (orgs.). *Cuidado em tempos de distanciamento social.* Belo Horizonte: Artesã, 2021, p. 101-114.

REICH, Wilhelm. *A Função do Orgasmo.* São Paulo: Brasiliense, 2004. [1927]

REICH, Wilhelm. *Análise do Caráter*. São Paulo: Martins Fontes, 2020. [1933]

ROBES, Ana C. M. *et al.* "Marketização" da psicologia nas mídias digitais: uma análise de um perfil de grande alcance. In: SOARES, Laura C. E. C.; LIMA, Nádia L.; EVANGELISTA, Paulo E. R. A. (orgs.). *Aproximações da psicologia com o pensamento de Byung-Chul Han*: abordagens fenomenológicas, sociais e psicanalíticas. Rio de Janeiro: Via Verita, 2023, p. 201-222. [Livro eletrônico]

ROGERS, Carl. Pessoa ou ciência? Um problema filosófico. Tradução de M. J. Ferreira. In: ROGERS, Carl. *Tornar-se pessoa*. Lisboa: Moraes Editores, 1973, p. 177-200.

SANTOS, Gisleide C. *Tornar-se psicoterapeuta*: a construção inicial da carreira clínica de psicólogas(os) fenomenológico-existenciais. Dissertação (Mestrado em Psicologia), Programa de Pós-graduação em Psicologia – Universidade Federal de Minas Gerais, Belo Horizonte, 2025.

SANTOS, Gisleide C.; EVANGELISTA, Paulo E. R. A. O vínculo afetivo terapêutico na psicoterapia *on-line* sob uma perspectiva daseinsanalítica. In: EVANGELISTA, Paulo E. R. A.; CARDOSO, Claudia L.; GIOVANETTI, José P. (orgs.). *Sofrimento existencial e clínica psicológica fenomenológica*: ensaios e pesquisas sobre atendimento *on-line*. Belo Horizonte: Artesã, 2023, p. 111-149.

SAPIENZA, Bile T. *Do desabrigo à confiança*: daseinsanalyse e terapia. São Paulo: Editora Escuta, 2007.

SAXLER, Eva *et al*. Therapeutic alliance in individual adult psychotherapy: a systematic review of conceptualizations and measures for face-to-face-and *on-line*-psychotherapy. *Frontiers in psychology*, v. 15, p. 1293851, 2024.

SINGULANE, Bianca A. R.; SARTES, Laisa M. A. Terapia por internet para dependentes de álcool: estudos de casos sobre aliança terapêutica e satisfação. *Gerais*: Revista Interinstitucional de Psicologia, v. 14, n. 3, 2021.

WERTZ, Frederick J. The role of the humanistic movement in the history of psychology. *Journal of Humanistic Psychology*, v. 38, n. 1, p. 42-70, 1998.

ZUANAZZI, Ana C. *et al*. Avaliação do processo psicoterápico: levantamento de técnicas e instrumentos. *Gerais*: Revista Interinstitucional de Psicologia, v. 14, n. SPE, p. 1-19, 2021.

Os autores

Celana Cardoso Andrade

Graduada em Psicologia pela Universidade Católica de Goiás (1989). Licenciada em Educação Física pela Escola Superior de Educação Física e Fisioterapia do Estado de Goiás (1989). Mestre em Psicologia Clínica pela Pontifícia Universidade Católica de Goiás (2007). Doutora em Psicologia Clínica e Cultura pela Universidade de Brasília (2015). Pós-doutora em Processos Psicossociais, Históricos e Coletivos pela Universidade Federal do Rio de Janeiro. Especialista em Gestalt-terapia pelo Instituto de Treinamento e Pesquisa em Gestalt-terapia de Goiânia (1992). Professora do curso de Psicologia da UFG e docente em programas de pós-graduação lato sensu em Gestalt-terapia em diferentes estados brasileiros. Atua como psicoterapeuta na Alter – Centro de Psicologia, com experiência em atendimentos individuais, de casais, famílias, grupos e supervisão clínica. É editora da *Phenomenological Studies: Revista da Abordagem Gestáltica*, membro fundadora e atual vice-presidente (2025–2026) da ABG, além de integrar o Grupo de Trabalho *Fenomenologia, Saúde e Processos Psicológicos* da ANPEPP. Coordena projetos de pesquisa e extensão em Gestalt-terapia, com destaque em clínica, ensino e produção científica. É autora do livro *Sentidos da Psicoterapia: teoria e prática em Gestalt-terapia* (2019) e organizadora de *Pioneiros da Gestalt-terapia no Brasil: histórias e memórias* (2025), além de diversos artigos e capítulos que consolidam sua contribuição para o campo.

E-mail: celana@ufg.br

Claudia Lins Cardoso

Graduada em Psicologia pela Universidade Federal do Rio de Janeiro (1988). Mestre em Psicologia Social pela Universidade Gama Filho (1994). Doutora em Psicologia Clínica pela Pontifícia Universidade Católica do Rio de Janeiro (2007). Professora aposentada do Departamento de Psicologia da Faculdade de Filosofia e Ciências Humanas da Universidade Federal de Minas Gerais (FAFICH/UFMG). Subcoordenadora e docente do curso lato sensu de especialização em Psicologia Clínica: Gestalt-terapia e Análise Existencial do Departamento de Psicologia da UFMG. Professora em programas de pós-graduação lato sensu e em cursos de formação em Gestalt-terapia em vários estados brasileiros. Autora de diversos capítulos e artigos, especialmente nas áreas de Gestalt-terapia, psicoterapia, clínica ampliada, psicopatologia gestáltica, saúde pública e grupos terapêuticos. Psicoterapeuta e supervisora.

E-mail: clins.rj@gmail.com
ORCID: https://orcid.org/0000-0003-0533-5398

José Paulo Giovanetti

Graduado em Filosofia pela Faculdade de Filosofia Nossa Senhora Medianeira (1974). Graduado em Psicologia pela Universidade Federal de Minas Gerais (1981). Especializado em Filosofia pela Universidade Federal do Rio de Janeiro (1975). Mestre (1983), doutor (1986) e pós-doutor (1991) em Psicologia pela Université Catholique de Louvain (Bélgica). Professor aposentado da UFMG. Atualmente, professor do curso de Especialização em Psicologia Clínica: Gestalt-terapia e Análise Existencial. Autor de numerosos artigos e dos livros: *Psicoterapia fenomenológico-existencial: fundamentos filosófico-antropológicos*, *Psicoterapia antropológica. As contribuições de Binswanger e Gendlin* e *Fenomenologia da afetividade I. Compreensão antropológica dos afetos.*

E-mail: jpgiovanetti@terra.com.br

Laura Cristina de Toledo Quadros

Gestalt-terapeuta. Doutora em Psicologia pelo programa de pós-graduação em Psicologia Social (PPGPS) da Universidade Estadual do Rio de Janeiro. Vinculada ao grupo de pesquisa CNPq *Entre_Redes*. Professora adjunta da UERJ, contemplada pelo Prodocência e com o edital Jovem Cientista do Nosso Estado (FAPERJ/JCNE). Professora permanente do programa de pós-graduação em Psicologia Social. Coordenadora do projeto de extensão *COMtextos: arte e livre expressão na abordagem gestáltica*, na UERJ. Coordenadora adjunta do Laboratório

Gestáltico: configurações e práticas contemporâneas. Pesquisadora interessada na prática clínica, autora de artigos e livros, atualmente vice-diretora do Instituto de Psicologia da UERJ. Mantém-se curiosa pelas artesanias, reconhecendo-se como artesã de vida.

E-mail: lauractq@gmail.com

ORCID: http://orcid.org/0000-0002-3546-4935

Lilian Meyer Frazão

Mestre em Psicologia Clínica pelo Instituto de Psicologia da Universidade de São Paulo, onde foi professora por 42 anos. Uma das pioneiras da Gestalt-Terapia no Brasil. Criadora, há 44 anos, e atual colaboradora do primeiro curso de formação em Gestalt-terapia no Brasil no Instituto Sedes Sapientia. Atual coordenadora do projeto Expandindo Fronteiras. Colaboradora em treinamentos de Gestalt-terapeutas no Brasil e no exterior. Sócia fundadora e ex-membro da diretoria da International Gestalt Therapy Association (IGTA). Fundadora da Associação Brasileira de Psicoterapia (ABRAP), do Espaço Therese Tellegen, do Centro de Estudos de Gestalt de São Paulo e da Associação Brasileira de Gestalt-terapia e abordagem gestáltica (ABG). Presidente da ABG no biênio 2023-2024. Organizadora, juntamente com Karina Fukumitsu, dos dez volumes da coleção *Gestalt-terapia: fundamentos e práticas*. Autora e organizadora do livro *Questões do Humano na contemporaneidade* e *Gestalt e Gênero*. Organizadora, juntamente com Paulo Cavalcanti, do livro *Interseccionalidades: desafios para a Gestalt-terapia*. Autora de artigos em revistas brasileiras e consultora editorial para a tradução e publicação de livros em Gestalt-terapia. Membro da comissão editorial de diversas revistas brasileiras.

E-mail: lílian.frazao@uol.com.br

ORCID: https://orcid.org/0009-0008-9403-1030

Maria Alice Queiroz de Brito (Lika Queiroz)

Graduada em Psicologia pela Pontifícia Universidade Católica de São Paulo (1975). Mestre em Psicologia Social pelo programa de pós-graduação em Psicologia (PPGPSI) da Universidade Federal da Bahia (2012). Especialista em Psicologia Clínica (CFP) e em Psicologia da Personalidade e do Desenvolvimento pela Universidade Federal do Rio de Janeiro. Docente e supervisora do Instituto de Psicologia da UFBA, onde também coordena um projeto de extensão com o tema Psicoterapia Breve e Ação Terapêutica nos contextos Clínico, Hospitalar e Clínica Ampliada. Fundadora e diretora do Instituto de Gestalt-terapia da Bahia. Fez parte do primeiro grupo de Gestalt-terapeutas do Brasil, na década de setenta, tendo implantado a abordagem em vários estados. Docente de cursos de pós-graduação lato sensu e formações em Gestalt-terapia, Psicoterapia Breve na Abordagem Gestáltica, além de ministrar cursos sobre temas diversos na abordagem em vários Institutos do Brasil. Criadora da metodologia Reconfiguração do Campo Familiar: um enfoque gestáltico transgeracional. No Brasil, desenvolveu a metodologia do trabalho com a caixa de areia na Abordagem gestáltica e coordena os primeiros cursos de formação do trabalho com situações de trauma em Gestalt-terapia, e o trabalho corporal em Gestalt-terapia. Tem artigos e capítulos publicados sobre a abordagem. Supervisiona psicoterapeutas nas áreas clínica, clínica ampliada e hospitalar na Abordagem Gestáltica. Foi fundadora e vice-presidente do Instituto de Gestalt-terapia do Nordeste. Membro fundador e vice-presidente da primeira diretoria da Associação Brasileira de Gestalt-terapia, onde é presidente atualmente. Membro do Colégio Internacional de Terapeutas.

E-mail: likaqbrito@gmail.com

Paulo Eduardo Rodrigues Alves Evangelista

Graduado em Psicologia e mestre em Filosofia pela Pontifícia Universidade Católica de São Paulo. Doutor em Ciências (Psicologia Escolar e do Desenvolvimento Humano) pela Universidade de São Paulo. Professor do Departamento de Psicologia da Faculdade de Filosofia e Ciências Humanas da Universidade Federal de Minas Gerais (FAFICH/UFMG). Coordenador do curso de especialização em Psicologia Clínica: Análise Existencial e Gestalt-Terapia na UFMG. Coordenador do grupo de pesquisa CNPq *Psicologia, Fenomenologia Existencial e Contemporaneidade*, do Laboratório de Análise de Processos em Subjetividade (LAPS) da UFMG e do Grupo de Trabalho *Psicologia fenomenológico-hermenêutica e questões contemporâneas*, da ANPEPP. Tem experiência na área de Daseinsanalyse, Psicologia Clínica, Fenomenologia Existencial e Plantão Psicológico.

E-mail: pauloevangelista@ufmg.br

ORCID: https://orcid.org/0000-0001-9691-6141

Renato Tocantins Sampaio

Bacharel em Musicoterapia. Licenciado em Educação Artística - Habilitação em Música. Mestre em Comunicação e Semiótica. Doutor em Neurociências. Especialista em Psicologia Clínica: Gestalt-terapia e Análise Existencial. Professor adjunto de Musicoterapia na Escola de Música da Universidade Federal de Minas Gerais (UFMG), onde também atua como professor efetivo nos programas de pós-graduação em Música e em Neurociências. Desenvolve pesquisas e atendimento clínico de Musicoterapia com pessoas autistas há quase 30 anos, dentro de uma base teórica humanista-existencial-fenomenológica, com foco na abordagem gestáltica. Autor de livros e artigos científicos. Já ministrou conferências e workshops no Brasil e no exterior.

E-mail: renatots@musica.ufmg.br.

ORCID: https://orcid.org/0000-0002-4384-6669

Saleth Salles Horta

Graduada em Psicologia (1978) e especialista em Psicologia Clínica Fenomenológica Existencial pela Pontifícia Universidade Católica de Minas Gerais (1998). Docente do curso de especialização lato sensu em Psicologia Clínica: Análise Existencial e Gestalt-terapia do Departamento de Psicologia da Faculdade de Filosofia e Ciências Humanas da Universidade Federal de Minas Gerais (FAFICH/UFMG). Atende em consultório particular desde 1978. Supervisora.

E-mail: salsalles@yahoo.com.br

Teresinha Mello da Silveira

Pós-doutoranda em Psicologia Social pela Universidade Estadual do Rio de Janeiro. Especialista em Psicologia Clínica, Hospitalar e Psicogerontologia. Psicóloga e supervisora na UERJ até 2006. Professora e preceptora de residentes em Psicologia Clínica e Institucional no Hospital Universitário Pedro Ernesto até 2006. Coordenadora de cursos de formação e de pós-graduação em Psicologia Clínica e de Terapia Casal e Família na Abordagem Gestáltica. Membro associado da Associação Brasileira de Gestalt (ABG) e da Associação Brasileira de Terapia Familiar (ABRATEF). Autora de artigos e de capítulos em livros técnicos e científicos no Brasil e fora do Brasil. Autora dos livros, juntamente com Paulo de Tarso Peixoto, *Por Que Eu? A Doença e a Escolha do Cuidador Familiar* e *A Estética do Contato*. Organizadora e coautora do livro *Casais e Famílias na Contemporaneidade: O Olhar da Gestalt-Terapia para os Sistemas Íntimos*, juntamente com Daniela Magalhães da Silva. Coautora do livro *Ensaios em Gestalt-Terapia: Percursos autobiográficos, volume 2*. Organizadora do livro *Casais e Família: Questões Contemporâneas*, juntamente com Daniela Magalhães da Silva. Coautora do livro *O TAO do Self: Perspectivas Brasileiras Sobre o Conceito de Self em Gestalt-Terapia*, organizado por Paulo de Tarso Peixoto.

E-mail: teresinhamellodasilveira@gmail.com
ORCID: https://orcid.org/0000-0001-8457-130X

Construindo ideias
e conectando mentes

Este livro foi composto com tipografia Minion Pro
e impresso em papel Pólen Soft 80g. em outubro de 2025.